21 世纪高等学校
经济管理类规划教材
高校系列

THE FINANCIAL MANAGEMENT
TRAINING COURSE

财务管理 实训教程

+ 王秋霞 王晓莹 主编

+ 程继爽 康玲 副主编

人民邮电出版社
北 京

图书在版编目（CIP）数据

财务管理实训教程 / 王秋霞，王晓莹主编. -- 北京：
人民邮电出版社，2014.12（2019.7重印）
21世纪高等学校经济管理类规划教材. 高校系列
ISBN 978-7-115-36360-2

Ⅰ. ①财… Ⅱ. ①王… ②王… Ⅲ. ①财务管理－高
等学校－教材 Ⅳ. ①F275

中国版本图书馆CIP数据核字(2014)第242609号

内 容 提 要

本书紧密结合财务管理课程的教学内容，每章设置了"理论指导"、"能力训练"、"拓展实训"3
个模块："理论指导"模块总结梳理了每章的重要知识点；"能力训练"模块通过习题和讲解加深了对
知识点的理解；"拓展实训"模块则通过真实案例或模拟实训展示了理论知识的实际应用，注重培养理
财思维和动手能力。

本书可以作为高等院校会计类专业或其他经济管理类专业财务管理课程的配套教材，也可以作为财
务管理课程的学习参考书，还可以作为单独的课程实训教程。

◆ 主　编　王秋霞　王晓莹

　副主编　程继爽　康　玲

　责任编辑　武恩玉

　责任印制　彭志环

◆ 人民邮电出版社出版发行　　北京市丰台区成寿寺路 11 号

　邮编　100164　电子邮件　315@ptpress.com.cn

　网址　http://www.ptpress.com.cn

　涿州市京南印刷厂印刷

◆ 开本：787×1092　1/16

　印张：10.75　　　　　　　2014 年 12 月第 1 版

　字数：251 千字　　　　　2019 年 7 月河北第 8 次印刷

定价：26.00 元

读者服务热线：(010) 81055256　印装质量热线：(010) 81055316
反盗版热线：(010) 81055315

前言 Preface

　　财务管理是企业的一项基础管理工作，因此，财务管理课程既是会计类专业的核心课程，也是经济管理类专业的主干课程。经过多年财务管理课程的教学，我们感觉到财务管理的教学过程不仅要把原理讲透，还应与丰富多彩的实践相结合，以增强课程的趣味性与应用性，力求做到"从理论到实践、从知识到能力"的转化。我们认为，要达到上述教学目标，除了课堂教学中重视案例教学以外，还应该设置专门的实训环节。通过选取企业财务管理真实案例或模拟真实理财环境，学生可在熟悉理论知识的基础上，勤思多练，身临其境地了解财务管理在企业经营管理中的作用，掌握进行财务分析和做出财务决策的技能。

　　本书的主要特点如下。

　　1. 按照财务管理教材的内容分章节设计实训，边学边练，针对性强，便于学习使用。

　　2. 实训内容既注重通过知识点回顾和适当练习加强对财务管理基础知识的理解，又非常重视通过拓展实训培养学生分析问题、解决问题的能力，建立理财思路。

　　3. 拓展实训题材广泛，内容丰富，可以拓展思路、引人思考。所选案例或实训内容涵盖了融资、投资、营运资金管理、股利分配、财务分析等财务管理的通用业务；既有短小精悍的小案例，又有信息量较大、锻炼解决问题能力的综合实训；既有成功企业的经验介绍，又有失败企业的深刻教训。无论何种实训内容，都可通过问题的引导让读者深入思考其中的原理，或设计融资、投资、利润分配方案，为财务决策提供参考。拓展实训的内容也许没有统一的答案，但这才真正贴近财务管理工作的本来面目，因为"管理无定论"、"一千个人眼中有一千个哈姆雷特"。

　　本书由王秋霞、王晓莹任主编，程继爽、康玲任副主编。具体分工为："理论指导"模块由康玲编写；"能力训练"模块由王秋霞编写；"拓展实训"模块由王晓莹、程继爽编写。本书最后由王秋霞和王晓莹负责修改和定稿。

　　本书的编写过程参考了各种相关文献，在此对各位文献作者致以真诚的感谢。

　　由于编者水平有限，书中难免存在不足之处，恳请各位读者批评指正。

编者

2014 年 9 月于广西南宁

目 录 Contents

财务管理总论 第1章

【理论指导】

一、财务管理的概念和内容

（一）财务管理（营利性组织）含义

财务管理是基于企业再生产过程中客观存在的财务活动和财务关系产生的，是企业组织财务活动、处理财务关系的一项价值管理工作。

（二）财务活动

财务活动是指资金的筹集、投放、使用、收回及分配等一系列行为。企业财务活动可分为 4 个方面。

（1）筹资活动。

（2）投资活动。

（3）经营活动。

（4）分配活动。

（三）财务关系

财务关系是指企业在组织财务活动过程中与各有关方面发生的经济利益关系。它可概括为 7 个方面。

（1）企业与政府之间的财务关系。

（2）企业与投资者之间的财务关系。

（3）企业与债权人之间的财务关系。

（4）企业与受资者之间的财务关系。

（5）企业与债务人之间的财务关系。

（6）企业内部各单位之间的财务关系。

（7）企业与职工之间的财务关系。

（四）企业财务管理的特点

（1）财务管理是一项综合性管理工作。

（2）财务管理与企业各方面有广泛联系。

（3）财务管理可以迅速反映企业生产经营状况。

二、 财务管理的目标

（一）财务管理目标的含义

财务管理目标是指在特定理财环境中，企业理财活动所希望实现的结果。

（二）重要性

财务管理目标的重要性，主要有以下几个方面。

（1）是一切财务活动的出发点和落脚点。

（2）是评价企业理财活动是否合理的基本标准。

（3）决定着企业财务活动的基本方向。

（三）企业财务管理目标的代表性观点

1. 利润最大化

主张：以追逐利润最大化作为财务管理的目标。

理由：

（1）剩余产品的多少可以用利润指标来衡量。

（2）在自由竞争的资本市场中，资本的使用权最终属于获利最多的企业。

（3）只有每个企业都最大限度地获利，整个社会的财富才能实现最大化。

缺点：

（1）没有考虑实现利润的时间价值。

（2）没有反映获得利润与投入资本的关系。

（3）没有考虑风险因素。

（4）导致企业短期行为。

2. 资本利润率最大化或每股利润最大化

主张：应将企业的税后净利润与出资额联系起来考察。

理由：

（1）投资者投资的目的是取得资本收益。

（2）将获得的利润同投入资本对比，能反映企业的盈利水平。

缺点：

（1）没有考虑资金时间价值和风险因素。

（2）不能避免短期行为。

3. 股东财务最大化

主张：企业财务管理以实现股东财富最大化为目标。

理由：

（1）考虑了风险因素，因为风险的高低会对股价产生重大影响。

（2）有利于克服企业的短期行为。

（3）容易量化，便于考核和奖惩。

缺点：

（1）通常只用于上市公司，对于非上市公司很难适用。

（2）股票价格除了受财务因素影响外，还受其他因素影响，股票价格并不能准确地反映企业的经营业绩。

（3）只强调股东的利益，而对公司其他关系人的利益重视不够。

4. 企业价值最大化

主张：以企业价值最大化作为财务管理目标。

理由：

（1）考虑了资金时间价值和投资的风险价值。

（2）反映了对企业资产保值增值的要求。

（3）克服了短期行为。

（4）考虑了企业各方的利益。

缺点：

（1）企业的价值过于理论化，不易操作。

（2）对于非上市公司，只能对企业进行专门的评估才能确定其价值，而评估比较容易受到评估标准和评估方式的影响，估价很难做到客观和准确。

（四）结论

企业确定财务管理目标时，其目光应是长远的，而非短浅的，其内容应是全面的，而非片面的，其内涵应是战略性的，而非急功近利的。

（五）财务目标与经营者

1. 经营者目标

（1）提高报酬，包括物质和非物质的报酬，如工资、奖金、荣誉和社会地位等。

（2）降低劳动强度，增加闲暇时间。

（3）避免风险，努力工作可能得不到应用报酬，经营者总是力图避免这种风险，期望付出一份劳动便得到一份报酬。

2. 矛盾

经营者要求能更多地增加享受成本；而所有者则希望以较小的享受成本支出带来更高的企业价

值或股东财富。

3. 防止经营者背离股东目标的方式

（1）监督。股东尽量获取企业更多的信息，并对经营者进行监督，在经营者背离股东目标时，减少其各种形式的报酬，甚至解雇他们。

（2）激励。让经营者分享企业增加的财富，鼓励他们采取符合股东最大利益的行动。

（六）财务目标和债权人

1. 矛盾

债权人把资金交给企业，其目标是到期收回本金，并获得约定的利息收入。企业借款的目的则是用它扩大经营规模，将其投入有风险的经营项目获得高报酬。

2. 解决方式

（1）限制性借债。

债权人事先在借款合同中规定借债用途限制、借债担保条款和借债信用条件。

（2）收回借款或者停止借款。

当债权人发现企业有侵害其债权价值的意图时，采取收回债权或不再给予新借款的措施。

三、 财务管理的环境

含义

财务管理环境是指对财务管理产生重大影响的所有外部条件和因素。一般来说，财务管理环境主要包括经济环境、法律环境、金融市场环境、社会文化环境。

四、 企业组织形式与财务管理

（一）企业的组织形式

1. 个人独资企业

个人独资企业是个人单独出资、独立拥有、个人控制的企业，是最古老、最简单的一种企业组织形式，主要盛行于零售业、手工业、农林业、渔业、服务业和家庭作坊等。

2. 合伙企业

合伙企业是由合伙人订立合伙协议，共同出资，合伙经营，共享收益，共担风险，并对合伙债务承担无限连带责任的营利性组织。合伙企业是较为原始的企业组织形式，一般无法人资格，国有企业、上市公司以及公益性事业单位、社会团体不得成为普通合伙人。

3. 公司制企业

公司制企业是在政府工商行政管理部门登记注册的企业法人，是现代企业主要的典型组织形式，主要形式为有限责任公司和股份有限公司。

（二）财务经理

随着财务管理理论和实践的不断发展，财务管理已经成为企业管理的重要内容，这也为财务经理提供了施展才能的广阔空间，同时也对他们提出了较高的要求。企业的财务管理活动是通过财务经理来完成的，对财务决策有着重大影响。财务经理是一项极具挑战性的工作，同样，财务经理也是一项充满了机遇的工作，极具发展前途。

【能力训练】

一、单项选择题（每小题备选答案中，只有一个符合题意的正确答案）

1. 下列各项中，属于企业财务管理对象的是（ ）。

　　A. 资金的循环与周转　　　　　　　B. 资金投入、退出和周转

　　C. 资金数量的增减变动　　　　　　D. 资金运动及其体现的财务关系

　　答案：D

2. 下列各项中，属于利润最大化目标优点的是（ ）。

　　A. 有利于提高企业的经济效益

　　B. 考虑了获得利润所需的时间

　　C. 考虑了获取利润和所承担风险的关系

　　D. 反映了创造的利润与所投入的资本数额之间的对比关系

　　答案：A

3. 下列各项中，属于每股收益最大化目标优点的是（ ）。

　　A. 可以避免企业的短期行为

　　B. 考虑了获得每股收益所需的时间

　　C. 考虑了获取每股收益和所承担风险的关系

　　D. 有利于避免利润最大化目标在衡量效率方面的缺陷

　　答案：D

4. 下列各项中，属于股东财富最大化目标缺点的是（ ）。

　　A. 不便于量化和考核

　　B. 没有考虑风险因素

　　C. 不能避免企业的短期行为

　　D. 只强调股东的利益，而对公司其他关系人的利益重视不够

　　答案：D

5. 下列各项中，属于企业价值最大化目标缺点的是（　　）。

A．没有考虑取得报酬的时间
B．企业价值过于理论化，不易操作
C．没有考虑其他利益相关者的利益
D．没有考虑风险和报酬之间的联系

答案：B

二、多项选择题（每小题备选答案中，有两个或两个以上符合题意的正确答案）

1. 下列各项中，属于企业财务管理活动的有（　　）。

A．企业筹资引起的财务活动
B．企业投资引起的财务活动
C．企业经营引起的财务活动
D．企业分配引起的财务活动

答案：ABCD

2. 下列各项中，属于企业财务关系的有（　　）。

A．企业与政府之间的关系
B．企业与所有者之间的关系
C．企业与债权人之间的关系
D．企业与债务人之间的关系

答案：ABCD

3. 下列企业财务管理目标中，考虑了时间价值和风险价值因素的有（　　）。

A．利润最大化
B．每股收益最大化
C．股东财富最大化
D．企业价值最大化

答案：CD

4. 下列各项中，属于企业内部理财环境的有（　　）。

A．经济环境
B．法律环境
C．企业技术水平
D．企业职工素质

答案：CD

5. 下列各项中，属于企业外部理财环境的有（　　）。

A．企业组织形式
B．公司治理结构
C．金融市场环境
D．社会文化环境

答案：CD

三、判断题（请判断每小题的表述是否正确，认为表述正确的，在后面的括号中画√；认为表述错误的，在后面括号中画×）

1. 企业与债权人之间的财务关系体现的是投资与被投资关系。（　　）

答案：×

2. 每股收益最大化目标主要适用于上市公司，对于非上市公司，一般可采用权益资本净利率指标来概括企业的财务目标。（　　）

答案：√

3. 不同形式的企业，财务管理的侧重点及内容有着较大的区别。（　　）

答案：√

4. 发行市场，又称一级市场或初级市场，是指新发行的证券从发行者手中转移到投资者手中的

市场，是证券或票据等金融工具最初发行的市场。（　　）

答案：√

5．货币市场是指期限在一年以上的金融资产交易的市场，包括长期借贷市场和长期证券市场。
（　　）

答案：×

【拓展实训】

一、实训目的

通过此实验，加深对企业财务管理目标、财务管理目标决定企业财务行为和企业财务行为反作用于财务管理目标的理解。

二、实训类型

案例型实训。

三、实训内容

格力电器股权激励案例

一、格力电器概况

珠海格力电器股份有限公司成立于1991年，1996年11月18日于深圳证券交易所上市。经过20多年的快速发展，格力电器从众多品牌中脱颖而出，连续十二年荣获"中国上市公司100强"，成为全球最大的空调企业。在全球，格力拥有中国珠海、石家庄、郑州、重庆、芜湖、合肥6个地区和巴西、巴基斯坦2个国家的生产基地，年生产能力6 550万台，其中家用空调年生产能力6 000万台，商务空调年生产能力550万台，产品远销全球100多个国家和地区，国家质检总局赋予其空调行业中唯一的"世界名牌产品"称谓。截至2013年，全球格力空调用户超过3亿。

创新是格力电器企业文化的核心。格力电器自成立以来，以技术创新作为企业的管理理念，投入了大量的人力、物力、财力进行技术研发，建成了行业内最大的技术研发体系。目前在国内外，格力电器拥有超过8 000项专利，包括2 000多项专利技术，是我国空调行业内拥有专利技术最多的公司。自主研发的无稀土变频压缩机、双极变频压缩机、光伏直驱变频离心机、G-Matrik直流变频空调、EVI超低温数码多联中央空调、多功能的暖户式中央空调、R290环保冷媒空调等一系列高科技产品填补了行业空白，打破了日本制冷巨头的技术垄断，在我国空调史上具有里程碑式的意义。

二、格力电器实施股权激励的原因

如图1-1所示，2005年年末，珠海格力集团公司持有并控制格力电器股份共31 500万股，占格力电器股份的58.66%，即格力集团持有格力电器一半以上的股份，这种股权结构存在一定弊端：一是格力集团一股独大，当格力集团和格力电器之间发生利益冲突时，由于母公司格力集团拥有绝对控制权，有可能做出对格力电器或其他股东不利的决策；二是公司核心管理团队并不持股，管理层和股东利益不一致，容易产生道德风险，也不利于稳定管理团队。为了优化公司治理结构，解决上述弊端，格力电器股权改革势在必行。

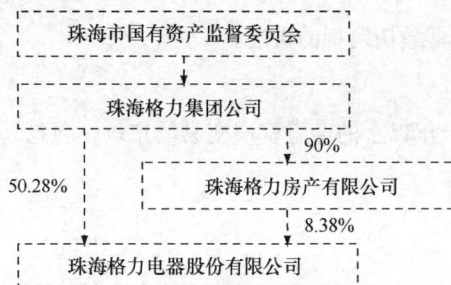

图 1-1　2005 年格力电器股权关系

三、格力电器股权激励方案

格力电器管理层和大股东经多次的沟通和利益协商，共同确定了股权改革方案，并且在 2005 年 12 月 21 日获得了国有资产监督管理局和珠海市政府的批准。格力电器 2005 年—2007 年具体股权激励方案如表 1-1 所示。

表 1-1　　　　　　　　　　　　　格力电器股权激励方案情况

年度	2005 年	2006 年	2007 年
利润目标	50 493.60 万元	55 542.96 万元	61 097.26 万元
激励数量安排	从格力集团划出 2 639 万股股份，如果当年达到目标利润，则出售 713 万股股份给公司管理层，其余 500 万股由董事会自行安排		
行权价格	按每股净资产值定价		

资料来源：格力电器股权分置改革说明书

格力集团承诺从自身持有的股份当中划出 2 639 万股作为股权激励的份额，激励对象是格力电器的管理层和关键技术人员。2005 年—2007 年，若公司任一年度的净利润达到承诺的目标数值，格力电器的受激励对象就可以获得格力集团以每股净资产值为售价出售的 713 万股的激励股份。若三年都能达到目标数值，则格力电器受激励对象累计可获得 2 139 万股的股份，最后剩余的 500 万股股份由董事会另行安排。可见，该股权激励方案所需股份是由控股股东格力集团从其所持股份中划分出来的，无需新发行股份，也无需动用上市公司的资金在市场上回购股份。

但需要注意的是，格力电器股权激励计划设置的行权条件过于简单，只有未来三年的净利润这一条件。2003 年格力电器的净利润为 33 727.51 万元，相比 2002 年的净利润 29 680.94 万元增长了 13.63%；2004 年格力电器实现净利润 42 078.43 万元，相比 2003 年又增长了 24.76%；2005 年前三季度格力电器实现的净利润已相当于 2004 年全年的净利总额，也就是说只要 2005 年全年的利润增长率达到 20%，就可以实现 50 493.6 万元的利润目标。因此，2005 年的激励目标是容易达成的。2006 年和 2007 年的利润目标同样也并不高：2006 年的目标净利润为 55 542.96 万元，2007 年的目标净利润为 61 097.26 万元。因此，只要格力电器每年净利润的增长率达到 10%，被激励对象就可以拿到激励股份。

四、格力电器股权激励方案的实施结果和行权情况

格力电器 2005 年—2007 年股权激励方案实施结果如表 1-2 所示。

表 1-2 格力电器 2005 年—2007 年股权激励实施结果

年份	2005	2006	2007
利润目标（万元）	50 493.60	55 542.96	61 097.26
实现利润（万元）	50 961.68	69 175.38	126 978.33
授予数量（万股）	713	1 069.5	1 604.25
授予价格（元）	5.07	3.87	4.494

从表 1-2 可以看到，2005 年—2007 年格力电器实现的净利润远远高于各年所设定的目标净利润，超额完成了股权激励方案设置的业绩要求。2006 年 7 月 4 日，格力集团将 713 万股转让给 2005 年度股权激励对象，转让后，格力集团持有有限售条件流通股 219 260 000 股，占公司总股本的比例由股改后的 42.16%降至 40.84%。2007 年 12 月 25 日，公司实施 2006 年度股权激励方案，格力集团将 1 069.5 万股转让给 2006 年度股权激励对象（公司实施了每 10 股转增 5 股的分配方案，原规定授予公司管理层的 2006 年股份数额由 713 万股转增为 1 069.5 万股），转让后，格力集团持有有限售条件流通股 188 535 675 股，占公司总股本的 22.58%。2009 年 2 月 3 日，公司实施 2007 年度股权激励方案，格力集团将 1 604.25 万股转让给 2007 年度股权激励对象（2008 年 7 月 11 日，公司第二次实施每 10 股转增 5 股的分配方案，2007 年的激励股份相应增加到 1 604.25 万股），转让后，格力集团持有有限售条件流通股 206 355 263 股，占公司总股本的 16.48%。2006 年 7 月 11 日。随着股权激励实施，格力集团所持格力电器的股份逐渐转移到格力电器管理层、业务骨干手中，管理层、业务骨干成为公司的重要股东团体。格力电器股权激励具体授予情况如表 1-3 所示。

表 1-3 格力电器股权激励计划股份授予情况

年份 授予对象	2005			2006			2007		
	人数	股数（万）	比例	人数	股数（万）	比例	人数	股数（万）	比例
高管	6	395.3	55.44%	6	570.6	53.35%	6	524.5	32.69%
中层	88	217.9	30.56%	603	178.4	16.68%	1 053	1 075.75	67.31%
业务骨干		52	7.29%		280.4	26.22%			
控股子公司高管		47.8	6.70%		40.1	3.75%			

2005 年股权激励方案公布当日，格力电器的收盘价为 11.9 元，而激励股份的授予价格为 5.07 元，不到市价的一半；2006 年股权激励方案公布当日，格力电器收盘价为 40.85 元，激励股份的授予价格为 3.87 元，只有市价的 9.47%；2007 年股权激励方案公布当日，格力电器的收盘价为 18.7 元，而激励股份的授予价格为 4.494 元，也只有市价的 1/4。也就是说，格力电器管理层以远低于市场价的价格就可以买到激励股份，从中获得极高的收益。

五、格力电器股权激励实施效果

（一）股权激励的财务业绩

从财务业绩的角度进行分析，格力电器股权激励计划实施当年以及前后各 3 年的各项收益指标如表 1-4 和图 1-2～图 1-4 所示。

表 1-4 格力电器 2002 年—2010 年总资产和净资产数据

年份	净资产（元）	净资产增长率	总资产（元）	总资产增长率
2002	183 528.85	6%	714 416.36	3%
2003	217 233.57	18%	828 907.81	16%
2004	244 129.83	12%	1 276 065.51	54%
2005	272 193.78	11%	1 268 119.96	−1%
2006	311 302.91	14%	1 599 407.01	26%
2007	586 013.62	88%	2 554 795.54	60%
2008	772 727.41	32%	3 079 996.18	21%
2009	1 065 268.53	38%	5 153 025.07	67%
2010	1 401 170.82	32%	6 560 437.81	27%

资料来源：根据格力电器 2002 年—2010 年年度报告整理编制

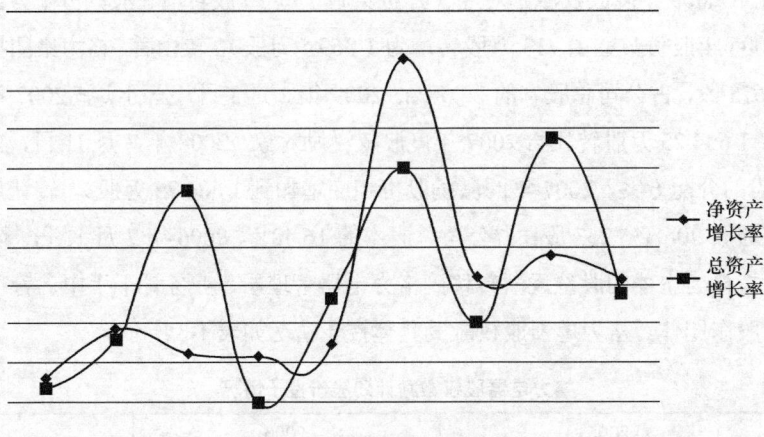

图 1-2 格力电器 2002 年—2010 年净资产增长率和总资产增长率折线图

根据表 1-3 和图 1-2 所示，自 2005 年格力电器实施股权激励以来，净资产和总资产总额呈逐年增长趋势，但相对指标净资产增长率和总资产增长率的波动较大，说明企业的成长性不够稳定。

根据图 1-3 所示，2002 年—2010 年，格力电器净利润增长率由 8.80% 增长到 46.76%。股权激励

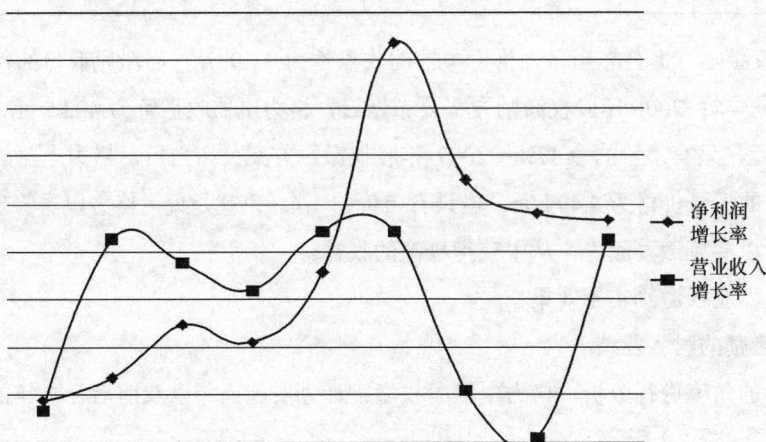

图 1-3 格力电器 2002 年—2010 年净利润增长率和营业收入增长率折线图

计划实施前，格力电器的净利润增长率逐年提高，但增长幅度比较缓慢，而且净利润增长远小于营业收入增长，该期间空调行业产销严重失衡，产量远超市场需求，出现低价倾销的现象。2005年—2007年实施股权激励计划的3年里，财务业绩取得了快速增长，净利润增长率从2005年的21.11%迅速拔高至2007年的83.56%。但是股权激励计划之后的2008年和2009年，格力电器的营业收入增长率和净利润增长率都大幅下跌，这其中当然也有受到金融危机影响的原因。2010年，国民经济逐渐复苏，家电行业得到国家政策的扶持，格力电器空调销量增加，营业收入增长率也有所回升。

再来看关系到股东利益的两个重要指标——净资产收益率和每股收益。从图1-4可以看到，格力电器连续9年净资产收益率均保持在较高的水平，并且呈稳步增长的趋势，这无疑对股东财富的增长是有利的。格力电器资产负债率水平很高，对净资产收益率增长做出了较大的贡献，但是其中99%是流动负债，流动负债中80%左右是无息负债，反映了企业强大的品牌和渠道优势，以及与经销商稳固的合作关系。但是，这种融资方式也有一定的风险，上下游供应链一旦断裂，势必会影响企业的资金链。从图1-4中还可以看到，2006年—2008年，格力电器的每股收益有显著增长，这对于股东财富的增加同样是有利的。2002年—2010年，格力电器的每股经营活动现金净流量也逐年增加，然而自实施股权激励以来，格力电器的股利支付率却大幅下降，管理层将大量的资金用于购买固定资产等长期资产以扩大经营规模，促进利润增长，而不是分配给股东。因此，从获得现金股利分配的角度，实施股权激励计划并没有给公司的其他股东带来更多的财富。下面将考察股东是否从资本利得收益获得了更多的财富。

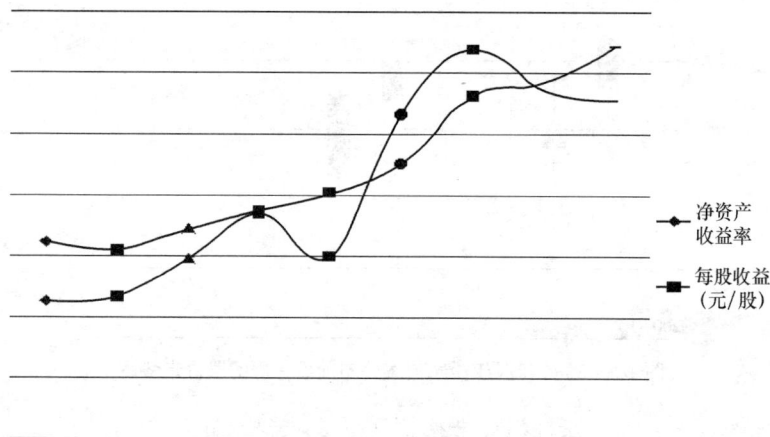

图1-4 格力电器2002年—2010年净资产收益率和每股收益折线图

（二）股权激励公布前后市场的反应

从公布股权分置改革说明书到2005年股权激励方案公布期间，格力电器的复权股价从11.41元涨到11.9元，涨幅为4.29%；同期的大盘指数从1197.26点涨到1362.22点，涨幅为13.78%，明显高于格力电器的涨幅。该段期间，格力电器的市场表现相对较弱。

再分别考察2005年—2007年的股权激励方案公布前后一周期间的股价走势，如图1-5～图1-7所示。

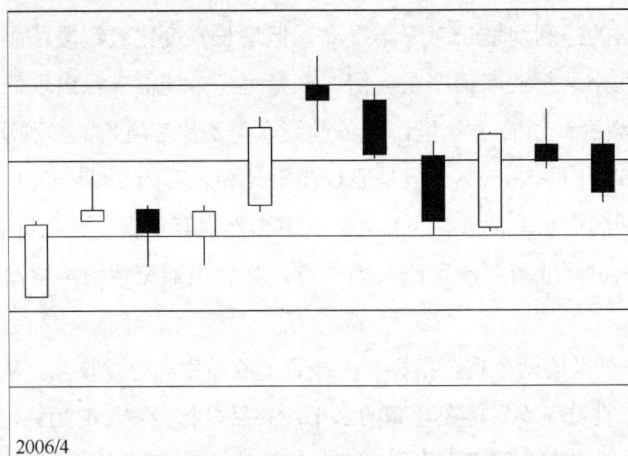

2006/4

图 1-5　2005 年股权激励方案公布前后一周的股价走势图

资料来源：根据市场股价数据整理绘制

2005 年股权激励方案公布前后一周，格力电器股价波动幅度较小，2006 年 4 月 4 日至 2006 年 4 月 18 日，格力电器的股价由 11.08 元涨到 11.28 元，涨幅为 1.81%；同期大盘指数从 1329.79 点涨到 1385.11 点，涨幅为 4.16%，格力电器的涨幅低于同期大盘。因此，格力电器的市场表现弱于大盘市场表现。

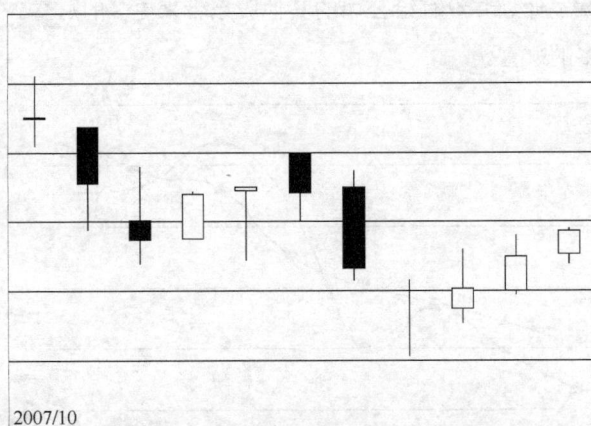

2007/10

图 1-6　2006 年股权激励方案公布前后一周的股价走势图

资料来源：根据市场股价数据整理绘制

2006 年股权激励方案公布前后一周，从 2007 年 10 月 24 日至 2007 年 11 月 7 日，格力电器的股价从 43 元跌落到 39.75 元，跌幅为 7.56%；同期大盘指数从 5843.11 点下跌至 5601.78 点，跌幅为 4.13%，低于格力电器。因此，格力电器的市场表现仍旧弱于同期大盘的市场表现。

格力电器 2007 年股权激励方案公布前后一周，从 2009 年 1 月 9 日至 2009 年 1 月 23 日，格力电器股价由 18.21 元跌落到 17.82 元，跌幅为 2.14%；同期大盘指数从 1904.86 点涨到 1990.65 点，涨幅为 4.5%，格力电器的股价没有跟随同期大盘上涨。因此，格力电器的市场表现要弱于同期大盘的市场表现。

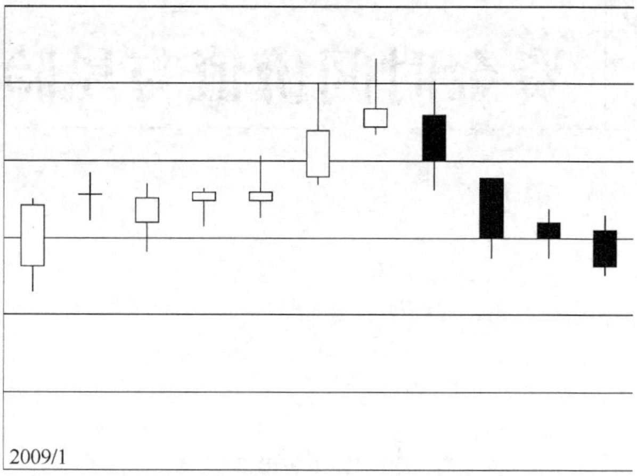

图 1-7　2007 年股权激励方案公布前后一周的股价走势图

资料来源：根据市场股价数据整理绘制

综合以上情况表明，格力电器实施的股权激励方案并没有得到市场的认可。从资本利得收益看，普通投资者（股东）并没有因为此次的股权激励得到超过市场的财富增长。

案例思考

1．股权激励为何有助于解决经营者对股东目标偏离的问题？

2．你认为格力电器股权激励计划是否有利于股东财富最大化？

3．请对实施管理层股权激励计划提出建议，以便能够更好地实现股东财富增长的目标。

第2章 资金时间价值与风险分析

【理论指导】

一、 资金时间价值

（一）资金时间价值的内涵

资金时间价值又称作货币时间价值，是指一定量的资金经过合理运用一定时间后，因赢利而增加的价值。

（二）资金时间价值的表示方法

资金时间价值可以用绝对数来表示，也可以用相对数来表示，如利息额或利息率。通常人们习惯以相对数进行计量。

（三）单利

单利是指一定时期内只根据本金计算利息，既得利息不重复计息，计算利息的基础不变。

（四）复利

复利是指一定时期内本金连同利息一起计算下期利息，即"利滚利"。

（五）复利终值

复利终值是指现在收到或支付的一笔款项在未来某一时间点上的价值，俗称"本利和"，用 FV 表示。

$$FV = P \cdot (1 + i)^n \text{（}P \text{表示本金，} i \text{表示利率，} n \text{表示计息期数）}$$

（六）复利现值

复利现值是指今后某一特定时间点收到或付出一笔款项，按复利计算相当于现在的价值，用 PV 表示。

$$PV = FV \cdot (1 + i)^{-n}$$

（七）年金终值与年金现值

1. 年金

年金是指在一定时期内每次等额收付的系列款项，可分为普通年金、先付年金、递延年金、永续年金。

2. 普通年金终值（FVA）

普通年金终值是指一定时期内，每期期末等额收付款项计算复利终值并求和。

$$FVA = A \cdot \frac{(1+i)^n - 1}{i} \quad (A \text{ 表示年金})$$

3. 普通年金现值（PVA）

普通年金现值是指一定时期内，每期期末等额收付款项计算复利现值并求和。

$$PVA = A \cdot \frac{1-(1+i)^{-n}}{i}$$

4. 先付年金终值（XFVA）

先付年金终值是指一定时期内，每期期初收付的等额款项计算复利终值并求和。

$$XFVA = A \cdot \frac{(1+i)^n - 1}{i} \cdot (1+i)$$

5. 先付年金现值（XPVA）

先付年金现值是指一定时期内，每期期初收付的等额款项计算复利现值并求和。

$$XPVA = A \cdot \frac{1-(1+i)^{-n}}{i} \cdot (1+i)$$

6. 递延年金终值与现值

递延年金是普通年金的特殊形式，凡不是从第一期开始的普通年金都是递延年金。

递延年金现值的计算方法有两种。

（1）假设前 m 期均有同等金额的年金收付，先计算出 $(m+n)$ 期的普通年金现值，然后减去前 m 期的普通年金现值。

$$PVA = A \cdot \frac{1-(1+i)^{-(m+n)}}{i} - A \cdot \frac{1-(1+i)^{-m}}{i}$$

（2）先把实际发生的 n 期的年金计算出至第 m 期末的现值，该年金现值相对于现在而言可视为复利终值，已知复利终值，求现值，只需要乘以 m 期的复利现值系数。

$$PVA = A \cdot \frac{1-(1+i)^{-n}}{i} \cdot (1+i)^{-m}$$

7. 永续年金现值

永续年金是指无限期等额收付的特种年金，可视为普通年金的特殊形式，即期限趋于无穷的普通年金。由于永续年金持续期无限，没有终止时间，因此没有终值，只有现值。

$$PVA = \frac{A}{i}$$

二、 风险分析

（一）风险与风险报酬的概念

（1）风险：发生损失的可能性，预期结果的不确定性。

（2）风险报酬：投资者因冒风险进行投资而获得的超过资金时间价值的那部分额外价值。一般情况下，风险越高，投资者所获得的回报也越高。

（二）风险的衡量

1. 概率分布

概率分布应符合：（1）$0 \leqslant p_i \leqslant 1$；　　（2）$\sum_{i=1}^{n} p_i = 1$。

2. 计算期望值

期望值又称为平均值，是根据某一事件的概率分布情况，以概率作为权数加权计算出来的平均值，是衡量报酬的一个重要指标，又称预期报酬率。

$$\bar{E} = \sum_{i=1}^{n} R_i \cdot p_i$$

$\bar{E}$ 为期望值；R_i 为第 i 种可能结果报酬率；p_i 为第 i 种可能结果的概率；n 为可能结果的个数。

3. 计算标准差

标准差是反映概率分布中各种可能结果对期望值的偏离程度，即离散程度的一个数值。

$$\sigma = \sqrt{\sum_{i=1}^{n} (R_i - \bar{E})^2 \cdot p_i}$$

其中 $(R_i - \bar{E})$ 称为离差。

4. 计算标准离差率

标准离差率是一个相对指标，反映的是单位收益情况下的风险，它以相对数反映决策方案的风险程度。在期望值不同的情况下，标准离差率越大，风险越大；反之，标准离差率越小，风险越小。

$$CV = \sigma / \bar{E}$$

5. 风险厌恶特性与必要报酬率

证券的风险越高，投资者越厌恶，市场需求状况越差，投资者要求的必要报酬率就越高。反之，证券的风险越低，投资者要求的必要报酬率就越低。

三、投资组合的风险和报酬

（一）投资组合报酬

投资组合报酬的计算公式为 $R_p = \sum_{i=1}^{n} W_i \cdot R_i$（其中，$R_p$ 表示投资组合的报酬率；W_i 表示投资组合中第 i 种证券所占的比重；R_i 表示第 i 种证券的报酬率；n 表示投资组合中证券的数量）。

（二）投资组合风险

1. 相关性

根据相关性的观点，投资组合可以降低风险，投资组合中投资产品的数量越多，风险分散效果越好。

2. 公司特别风险

公司特别风险是指某些因素对单个证券造成经济损失的可能性，这种风险是可以通过有效投资组合分散掉的。

3. 市场风险

市场风险是指由于某些不良因素给市场上所有的证券都带来经济损失的可能性，这种风险是每个企业都必须面对的，是不可分散的，是整个市场系统性的风险。

4. β 系数

市场风险通常用 β 系数来计量。每只股票都有一个 β 系数，它反映整个资本市场的收益发生变动时，该证券的收益变动程度，也就是该证券随着市场变动的风险程度。

（三）投资组合的风险报酬

投资者进行组合投资与进行单项投资一样，都要求对承担的风险进行补偿，证券投资的风险越大，要求的报酬就越高，可用下列公式计算。

$$R_r = \beta_p(K_m - R_f)$$

其中，R_r 表示投资组合的风险报酬率；β_p 表示投资组合的 β 系数；K_m 表示所有证券的平均报酬率，R_f 表示无风险报酬率。

（四）投资风险和报酬之间的关系

1. 资本资产定价模型

资本资产定价模型认为：投资者对资产组合投资所要求的报酬率应等于市场对无风险投资所要求的报酬率加上该资产组合的风险溢价，其计算公式为

$$K_i = R_f + R_r = R_f + \beta_p(K_m - R_f)$$

其中，K_i 表示第 i 种投资组合的必要报酬率；R_f 表示无风险报酬率；R_f 表示投资组合的风险报酬率；β_i 表示第 i 种投资组合的 β 系数；K_m 表示所有证券的平均报酬率；R_f 表示无风险报酬率。

2. 证券市场线

资本资产定价模型，可以用图形加以描述，该图形称为证券市场线。从证券市场线可以看出，投资者要求的报酬率不仅仅取决于市场风险，而且取决于无风险利率和市场风险补偿程度等，而这些因素都处于不停的变动中，因此证券市场线不是一成不变的。

【能力训练】

一、单项选择题（每小题备选答案中，只有一个符合题意的正确答案）

1. 下列各项中，属于资金时间价值实质的是（ ）。

    A. 利息率   B. 利润率

    C. 差额价值   D. 资金周转使用后的增值额

    答案：D

2. 下列关于预付年金终值系数和普通年金终值系数关系的表述中，正确的是（ ）。

    A. 预付年金终值系数等于普通年金终值系数期数加 1，系数减 1

    B. 预付年金终值系数等于普通年金终值系数期数加 1，系数加 1

    C. 预付年金终值系数等于普通年金终值系数期数减 1，系数加 1

    D. 预付年金终值系数等于普通年金终值系数期数减 1，系数减 1

    答案：A

3. 某企业拟进行一项存在一定风险的完整工业项目投资，有甲、乙两个方案可供选择。已知甲方案净现值的期望值为 1 000 万元，标准差为 300 万元；乙方案净现值的期望值为 1 200 万元，标准差为 330 万元。下列表述中，正确的是（ ）。

    A. 甲方案优于乙方案   B. 甲方案的风险大于乙方案

    C. 甲方案的风险小于乙方案   D. 无法评价甲乙方案的风险大小

    答案：B

4. 下列关于递延年金的表述中，不正确的是（ ）。

    A. 递延年金无终值，只有现值

    B. 递延年金终值大小与递延期无关

    C. 递延年金是第一次支付发生在若干期以后的年金

    D. 递延年金终值计算方法与普通年金终值计算方法相同

    答案：A

5. 下列各项中，不会带来系统风险的是（ ）。

    A. 人民币汇率上升   B. 个别公司工人罢工

    C. 国家修订企业所得税法   D. 财政部实施紧缩的财政政策

    答案：B

6. 下列各项中，属于比较期望收益不同的两个或两个以上方案的风险程度时，应采用的指标是（ ）。

    A. 概率   B. 标准离差   C. 标准离差率   D. 风险报酬率

    答案：C

二、多项选择题（每小题备选答案中，有两个或两个以上符合题意的正确答案）

1. 下列各项中，属于年金按不同付款方式划分的有（ ）。

    A. 普通年金   B. 即付年金   C. 递延年金   D. 永续年金

    答案：ABCD

2. 下列各项中，属于年金的有（ ）。

    A. 养老金   B. 等额分期付款

    C. 融资租赁的租金   D. 按照直线法计提的折旧

    答案：ABCD

3. 以等量资金投资于 A、B 两个项目，下列关于该投资组合风险的表述中，正确的有（ ）。

    A. 若 A、B 项目完全负相关，则组合后的非系统风险可以充分抵消

    B. 若 A、B 项目相关系数小于 0，则组合后的非系统风险可以减小

    C. 若 A、B 项目完全正相关，则组合后的非系统风险不扩大也不减小

    D. 若 A、B 项目相关系数大于 0，但小于 1，则组合后的非系统风险不能减小

    答案：ABC

4. 某人决定在未来 5 年内每年年初存入银行 1 000 元（共存 5 次），年利率为 2%。下列关于第 5 年年末能一次性取出的款项额计算表述中，正确的有（ ）。

    A. $1000 \times （F/A，2\%，5）$

    B. $1000 \times [（F/A，2\%，6）-1]$

    C. $1000 \times （F/A，2\%，5）\times （F/P，2\%，1）$

    D. $1000 \times （F/A，2\%，5）\times （1+2\%）$

    答案：BCD

5. 下列关于投资风险与投资者期望的报酬率之间关系的表述中，正确的有（ ）。

    A. 项目风险程度越高，要求的报酬率越低

    B. 项目风险程度越高，要求的必要收益率越高

    C. 无风险收益率越高，要求的必要收益率越高

    D. 投资者对风险的态度越是回避，风险收益率就越低

    答案：BC

6. 下列因素引起的风险中，投资者不能通过证券投资组合予以分散的有（ ）。

    A. 发生经济危机   B. 世界能源状况变化

    C. 宏观经济状况变化   D. 被投资企业出现经营失误

    答案：ABC

7. 某项年金前三年没有流入，从第四年开始，每年年末流入 1 000 元共计 4 次，假设年利率为 8%，则该递延年金现值的计算公式正确的有（   ）。

A. 1000×（P/A，8%，4）×（P/F，8%，3）

B. 1000×（F/A，8%，4）×（P/F，8%，4）

C. 1000×[（P/A，8%，8）-（P/A，8%，4）]

D. 1000×[（P/A，8%，7）-（P/A，8%，3）]

答案：AD

8. 下列关于股票的 β 系数的表述中，正确的有（   ）。

A. 提供了对风险与收益之间的一种实质性的表述

B. 如果某股票的 β 系数大于 1，则说明其风险大于整个市场的风险

C. 如果某股票的 β 系数小于 1，则说明其风险小于整个市场的风险

D. 如果某股票的风险情况与整个证券市场的风险情况一致，则该股票的 β 系数为 1

答案：BCD

9. 下列关于各种系数之间关系的表述中，正确的有（   ）。

A. 复利终值系数和复利现值系数互为倒数

B. 普通年金现值系数和资本回收系数互为倒数

C. 普通年金终值系数和偿债基金系数互为倒数

D. 普通年金终值系数和普通年金现值系数互为倒数

答案：ABC

10. 下列关于投资组合风险的表述中，正确的有（   ）。

A. 不可分散风险可以通过 β 系数来衡量

B. 系统性风险可以通过证券投资组合来消除

C. 非系统性风险可以通过证券投资组合来消除

D. 一种股票投资的风险由两部分组成，分别是系统风险和非系统风险

答案：ACD

三、判断题（请判断每小题的表述是否正确，认为表述正确的，在后面的括号中画√；认为表述错误的，在后面括号中画×）

1. 资金时间价值可以用绝对数表示，也可以用相对数表示，即以利息额或利息率表示。（   ）

答案：√

2. 即付年金是指一定时期内每期期末等额收付的系列款项，又称先付年金。（   ）

答案：×

3. 每只股票都有一个 β 系数，它反映整个资本市场的收益发生变动时，该证券的收益变动程度，也就是该证券随着市场变动的风险程度。（   ）

答案：√

4. 市场风险越大，β 系数越大，投资者要求的必要报酬率就越大；反之，风险越小，β 系数越

小，投资者要求的必要报酬率就越小。（　　　）

答案：√

5．投资者要求的报酬率仅仅取决于市场风险，不取决于无风险利率和市场风险补偿程度等。

（　　　）

答案：×

四、计算题（请写出计算步骤及答案）

1．某公司拟购置一处房产，房主提出两种付款方案：

（1）从现在起，每年年初支付20万元，连续支付8次，共160万元；

（2）从第5年开始，每年年初支付25万元，连续支付8次，共200万元。

假设该公司的资金成本率（即最低报酬率）为10%，你认为该公司应选择哪个方案？

答案：

（1）20×（P/A,105,10）(1+10%)=135.18（万元）

（2）25×（P/A,10%,10）(P/F,3)=115.41（万元）

因为第二种方案下总付款额的现值小，所以公司应选择第二种方案。

2．红星租赁公司将原价125 000元的设备以融资租赁方式租给辰星公司，租期5年，每半年末付租金1.4万元，满5年后，设备的所有权归属辰星公司。

要求：

（1）如果辰星公司自行向银行借款购此设备，银行贷款利率为6%，试判断辰星公司是租设备好还是借款买好？

（2）若中介人要向红星公司索取佣金6448元，其余条件不变，红星公司筹资成本为6%，每期初租金不能超过1.2万元，租期至少要多少期，红星公司才肯出租（期数取整）？

答案：

（1）14 000×（P/A,3%,10）=119420<125000，以租为好。

（2）租赁公司原始投资=125 000+6 448=131 448

12 000×[（P/A，3%，n-1）+1]=131 448

（P/A，3%，n-1）=9.954

n-1=12；n=13

红星公司应至少出租7年。

3．宏利公司计划在2011年采用融资租赁方式租入一台设备，价款600万元，租期3年，期满后设备归宏利公司所有。租赁公司和其商定的租期内年利率为20%。要求：

（1）计算宏利公司每半年末应等额支付的租金；

（2）计算宏利公司每半年初应等额支付的租金。

答案：

（1）宏利公司每半年末应等额支付的租金=600/（P/A，10%，6）=137.77（万元）

（2）宏利公司每半年初应等额支付的租金=600/[（P/A，10%，5）+1]=125.23（万元）

4．某公司拟进行股票投资，计划购买 A、B、C3 种股票，并分别设计了甲、乙两种投资组合。已知 3 种股票的 β 系数分别为 1.2、1.0 和 0.8，它们在甲种投资组合下的投资比重分别为 50%、30% 和 20%；乙种投资组合的风险收益率为 3.4%，同期市场上所有股票的平均收益率为 12%，无风险收益率为 8%。要求：

（1）根据 A、B、C 股票的 β 系数，分别评价这 3 种股票相对于市场投资组合而言的投资风险大小。

（2）按照资本资产定价模型计算 A 股票的必要收益率。

（3）计算甲种投资组合的 β 系数和风险收益率。

（4）计算乙种投资组合的 β 系数和必要收益率。

（5）比较甲、乙两种投资组合的 β 系数，评价它们的投资风险大小。

答案：

（1）A 股票的 β 系数为 1.2，B 股票的 β 系数为 1.0，C 股票的 β 系数为 0.8，所以 A 股票相对于市场投资组合的投资风险大于 B 股票，B 股票相对于市场投资组合的投资风险大于 C 股票。

（2）A 股票的必要收益率=8%+1.2×（12%-8%）=12.8%

（3）甲种投资组合的 β 系数=1.2×50%+1.0×30%+0.8×20%=1.06

甲种投资组合的风险收益率=1.06×（12%-8%）=4.24%

（4）乙种投资组合的 β 系数=3.4%/（12%-8%）=0.85

乙种投资组合的必要收益率=8%+3.4%=11.4%

（5）甲种投资组合的 β 系数大于乙种投资组合的 β 系数，说明甲的投资风险大于乙的投资风险。

5．某企业有 A、B 两个投资项目，计划投资额均为 1 000 万元，其收益（净现值）的概率分布如下表所示。

市场状况	概率	A 项目净现值	B 项目净现值
好	0.2	200	300
一般	0.6	100	100
差	0.2	50	−50

要求：

（1）分别计算 A、B 两个项目净现值的期望值。

（2）分别计算 A、B 两个项目期望值的标准离差。

（3）判断 A、B 两个投资项目的优劣。

答案：

（1）计算两个项目净现值的期望值。

A 项目：200×0.2＋100×0.6＋50×0.2=110（万元）

B 项目：300×0.2＋100×0.6＋（-50）×0.2=110（万元）

（2）计算两个项目期望值的标准利差。

A 项目：$[（200-110）^2×0.2＋（100-110）^2×0.6＋（50-110）^2×0.2]^{1/2}=48.99$

B 项目：$[（300-110）^2×0.2＋（100-110）^2×0.6＋（-50-110）^2×0.2]^{1/2}=111.36$

（3）判断 A、B 两个投资项目的优劣。

由于 A、B 两个项目的投资额相同，期望收益（净现值）亦相同，而 A 项目风险相对较小（其标准利差小于 B 项目），故 A 项目优于 B 项目。

【拓展实训】

一、实训目的

了解并掌握资金时间价值及风险价值的含义，掌握时间价值和风险价值的计算方法，了解影响时间价值的相关因素，能结合实际情况熟练应用时间价值和风险价值理念进行财务决策。

二、实训类型

案例型实训。

三、实训内容

（一）拿破仑赠送玫瑰花的诺言

拿破仑 1797 年 3 月在卢森堡第一国立小学演讲时说了这样一番话："为了答谢贵校对我，尤其是对我夫人约瑟芬的盛情款待，我不仅今天呈上一束玫瑰花，并且在未来的日子里，只要我们法兰西存在一天，每年的今天我将亲自派人送给贵校一束价值相等的玫瑰花，作为法兰西与卢森堡友谊的象征。"时过境迁，拿破仑穷于应付连绵的战争和此起彼伏的政治事件，最终惨败而流放到圣赫勒拿岛，把卢森堡的诺言忘得一干二净。

可卢森堡这个小国对这位"欧洲巨人与卢森堡孩子亲切、和谐相处的一刻"念念不忘，并载入他们的史册。1984 年底，卢森堡旧事重提，向法国提出违背"赠送玫瑰花"诺言的索赔；要么从 1797 年起，用 3 路易作为一束玫瑰花的本金，以 5 厘复利（即利滚利）计息全部清偿这笔玫瑰花案；要么法国政府在法国政府各大报刊上公开承认拿破仑是个言而无信的小人。

起初，法国政府准备不惜重金赎回拿破仑的声誉，但却又被计算机算出的数字惊呆了：原本 3 路易的许诺，本息竟高达 1 375 596 法郎。

经苦思冥想，法国政府斟词酌句的答复是："以后，无论在精神上还是在物质上，法国将始终不渝地对卢森堡大公国的中小学教育事业予以支持与赞助，来兑现我们的拿破仑将军那一诺千金的玫瑰花信誉。"这一措辞最终得到了卢森堡人民的谅解。

（二）北方公司产品开发项目决策——风险收益的计量

北方公司 1998 年陷入经营困境，原有柠檬饮料因市场竞争激烈、消费者喜好产生变化等开始滞销。为改变产品结构，开拓新的市场领域，拟开发两种新产品。

（1）开发结清纯净水。面对全国范围内的节水运动及限制供应，尤其是北方十年九旱的特殊环境，开发部认为结清纯净水将进入百姓的日常生活，市场前景看好，有关预测见下表。

市场销路	概率	预计年利润（万元）
好	60%	150
一般	20%	60
差	20%	−10

经专家预测该项目的风险系数为 0.5。

（2）开发消渴啤酒。北方人有豪爽、好客、畅饮的性格，亲朋好友聚会的机会日益增多；北方气温大幅度升高，并且气候干燥；北方人的收入明显增多，生活水平日益提高。因此预计啤酒的市场需求将日益增加。开发部据此提出开发消渴啤酒的方案，有关市场预测如下表所示。

市场销路	概率	预计年利润（万元）
好	50%	180
一般	20%	85
差	30%	−25

经专家预测该项目风险系数为 0.6。

案例思考：

1．根据案例一的资料讨论：

（1）为何本案例中每年赠送价值 3 路易的玫瑰花相当于在 187 年后一次性支付 1 375 596 法郎？

（2）今天的 100 元钱与一年后的 100 元钱等价吗？

（3）请简要阐述货币时间价值的意义。

2．根据案例二的资料：

（1）对北方公司两个产品开发项目的收益与风险予以计量。

（2）对北方公司的产品开发方案进行分析与评价。

【理论指导】

一、财务报表分析概述

(一)财务报表分析的目的

财务报表分析一般包括战略分析、会计分析、财务分析和前景分析4个部分。财务报表分析的目的是将财务报表数据转换成有用的信息,以帮助报表使用人改善决策。战略分析的目的是确定主要的利润动因及经营风险并定性评估企业的盈利能力;会计分析的目的是评价企业会计反映基本经济现实的程度;财务分析的目的是运用财务数据评价企业当前及过去业绩并评估其可持续性;前景分析的目的是预测企业的未来。

(二)财务报表分析的方法

1. 比较分析法	按比较对象分类	(1)与企业历史比,即不同时期指标相比,也称为"趋势分析"。
		(2)与同类企业比,即与行业平均数或竞争对手指标比较,也称为"横向比较"。
		(3)与计划预算比,即实际执行结果与计划指标比较,也称为"差异分析"
	按比较内容分类	(1)比较会计要素的总量:总量比较主要用于时间序列分析和同业对比。
		(2)比较结构百分比:把损益表、资产负债表、现金流量表转换成结构百分比报表。
		(3)比较财务比率:财务比率是各会计要素的相互关系,反映其内在联系。比率的比较是最重要的分析
2. 比率分析法		(1)结构比率:如负债比率、所有者权益比率等。利用结构比率可以考察总体中某个部分的形成和安排是否合理,以便协调各项财务活动。
		(2)效率比率:利用效率比率指标可以进行得失比较、考察经营成果、评价经济效益。
		(3)相关比率:运用相关比率进行分析就是将两个相互联系的财务指标的数额相除,据以对公司财务状况进行分析评价,如流动比率、总资产周转率、资产利润率等相关比率
3. 因素分析法		(1)差额分析法:如固定资产净值增加的原因分析可分解为原值变化和折旧变化两部分。
		(2)指标分解法:如资产利润率可分解为资产周转率和销售利润率的乘积。
		(3)连环替代法:依次用分析值替代标准值,测定各因素对财务指标的影响。
		(4)定基替代法:分别用分析值替代标准值,测定各因素对财务指标的影响

二、 财务比率分析

（一）偿债能力分析

通过设计偿债能力分析评价指标、计算指标数值进行分析评价，据以揭示企业的偿债能力及财务风险，包括短期偿债能力分析和长期偿债能力分析。

1. 短期偿债能力分析	（1）营运资本：流动资产超过流动负债的部分 $$营运资本=流动资产-流动负债$$
	（2）流动比率：反映企业可用在短期内转变为现金的流动资产偿还到期流动负债的能力 $$流动比率=\frac{流动资产}{流动负债}$$
	（3）速动比率：企业速动资产与流动负债的比率，其中速动资产是指流动资产减去变现能力较差，且不稳定的存货、预付账款、待摊费用等后的余额 $$速动比率=\frac{速动资产}{流动负债}$$
	（4）现金流量比率：企业一定时期的经营现金净流量同流动负债的比率，它可以从现金流量角度来反映企业当期偿付短期负债的能力 $$现金流量比率=\frac{年经营现金净流量}{年末流动负债}$$
2. 长期偿债能力分析	（1）资产负债率：表明企业资产总额中，债权人提供的资金所占的比重，反映企业资产对债权人权益的保障程度 $$资产负债率=\frac{负债总额}{资产总额}\times100\%$$
	（2）产权比率：反映企业所有者权益对债权人权益的保障程度 $$产权比率=\frac{负债总额}{所有者权益总额}\times100\%$$
	（3）或有负责比率：反映企业所有者权益应对可能发生的或有负债的保障程度 $$或有负债比率=\frac{或有负债余额}{所有者权益总额}\times100\%$$ 或有负债总额=已贴现商业承兑汇票金额+对外担保金额+未决诉讼、未决仲裁金额（除贴现与担保引起的诉讼或仲裁）+其他或有负债金额
	（4）带息负债比率：反映企业负债中带息负债的比重，在一定程度上体现了企业未来的偿债（尤其是偿还利息）压力 $$带息负债比率=\frac{带息负债总额}{负债总额}\times100\%$$ 带息负债总额=短期借款+一年内到期的长期负债+长期借款+应付债券+应付利息
	（5）已获利息倍数：反映了获利能力对债务偿付的保障程度 $$已获利息倍数=\frac{息税前利润总额}{利息支出}$$ 其中，息税前利润总额=利润总额+利息支出

（二）营运能力分析

营运能力是指企业资产的利用效率，即资产周转速度的快慢及有效性。企业营运能力的大小对企业赢利能力的持续增长和偿债能力的不断提高起着决定性的作用。

$$周转率（周转次数）=\frac{周转额}{资产平均余额}$$

$$周转期（周转天数）=\frac{计算期天数}{周转次数}=\frac{资产平均余额\times计算期天数}{周转额}$$

1. 应收账款周转率：反映企业应收账款变现速度的快慢和管理效率的高低

$$应收账款周转率（周转次数）=\frac{营业收入}{应收账款平均余额}$$

$$应收账款周转期（周转天数）=\frac{计算期天数}{应收账款周转次数}=\frac{应收账款平均余额\times计算期天数}{营业收入}$$

$$应收账款平均余额=（应收账款年初数+应收账款年末数）/2$$

2. 存货周转率：反映企业生产经营各环节的管理状况以及企业的偿债能力和赢利能力

$$存货周转率（周转次数）=\frac{营业成本}{存货平均余额}$$

$$存货周转期（周转天数）=\frac{计算期天数}{存货周转次数}=\frac{存货平均余额\times计算期天数}{营业成本}$$

$$平均存货余额=（存货年初数+存货年末数）/2$$

3. 流动资产周转率：反映流动资产营运效率

$$流动资产周转率（周转次数）=\frac{营业成本}{流动资产平均余额}$$

$$流动资产周转期（周转天数）=\frac{计算期天数}{流动资产周转次数}=\frac{流动资产平均余额\times计算期天数}{营业成本}$$

$$流动资产平均余额=（流动资产年初数+流动资产年末数）/2$$

4. 固定资产周转率：反映企业固定资产周转情况，是衡量固定资产利用效率的一项指标

$$固定资产周转率（周转次数）=\frac{营业成本}{固定资产平均净值}$$

$$固定资产平均净值=（固定资产净值年初数+固定资产净值年末数）/2$$

5. 总资产周转率：反映企业全部资产周转情况，是衡量企业全部资产利用效率的一项指标

$$总资产周转率（周转次数）=\frac{营业成本}{总资产平均余额}$$

$$总资产平均余额=（资产总额年初数+资产总额年末数）/2$$

（三）盈利能力分析

盈利能力反映企业资金增值的能力，通常表现为企业收益数额的大小与水平的高低。盈利能力指标主要包括营业利润率、成本费用利润率、盈余现金保障倍数、总资产报酬率、净资产收益率和资本收益率。

	（1）营业利润率：反映企业营业活动的获利能力，是评价企业经济效益的主要指标 $$营业利润率 = \frac{营业利润}{营业收入} \times 100\%$$
	（2）成本费用利用率：反映企业生产经营过程中发生的耗费与获得的收益之间的关系 $$成本费用利润率 = \frac{利润总额}{成本费用总额} \times 100\%$$ 成本费用总额=营业成本+营业税金及附加+销售费用+管理费用+财务费用
	（3）总资产净利率：反映企业资产的综合利用效果的指标，也是衡量企业利用债权人和所有者权益资金所取得利润水平的重要指标 $$总资产净利率 = \frac{净利润}{平均总资产} \times 100\%$$
1．盈利能力的一般分析	（4）净资产收益率：反映了企业自有资金的投资收益水平，是评价企业盈利能力的核心指标 $$净资产收益率 = \frac{净利润}{平均净资产} \times 100\%$$
	（5）资产收益率：反映企业实际获得投资额的回报水平 $$资产收益率 = \frac{净利润}{平均资本} \times 100\%$$
	（6）资本保值增值率：表示企业当年资本在企业自身努力下的实际增减变动情况，是评价企业财务效益状况的辅助指标 $$资本保值增值率 = \frac{扣除客观因素后的年末所有者权益}{年初所有者权益}$$
	（7）盈余现金保障系数：反映了企业当期净利润中现金收益的保障程度，真实反映了企业盈余的质量 $$盈余现金保障倍数 = \frac{经营现金流量}{净利润}$$
2．上市公司盈利分析	（1）每股收益：反映企业普通股股东持有每一股份所能享有企业利润或承担企业亏损的财务分析指标，是衡量上市公司盈利能力时最常用的财务指标 $$基本每股收益 = \frac{归属于普通股股东的当期净利润}{当期发行在外普通股的加权平均数}$$ 当期发行在外普通股的加权平均数=期初发行在外普通股股数+当期新发行普通股股数×已发行时间÷报告期时间−当期回购普通股股数×已回购时间÷报告期时间
	（2）每股股利：反映上市公司当期利润的积累和分配情况 $$每股股利 = \frac{普通股现金股利总额}{年末普通股总数}$$
	（3）市盈率：反映投资者对上市公司每股净利润愿意支付的价格，可以用来估计股票的投资报酬和风险 $$市盈率 = \frac{普通股每股市价}{普通股每股收益}$$
	（4）每股净资产：每股净资产是年末净资产（即股东权益）与年末发行在外的普通股股数的比率 $$每股净资产 = \frac{年末股东权益}{年末普通股总数}$$ 年末股东权益是指扣除优先股权益后的余额
	（5）股票获利率：反映公司现金股利和公司股价之间的关系 $$股票获利率 = \frac{普通股每股现金股利}{普通股每股价格}$$

2. 上市公司盈利分析	（6）股利支付率：反映公司的股利分配政策和支付股利的能力 $$股利支付率 = \frac{普通股每股现金股利}{普通股每股收益}$$
	（7）股利保障倍数：实际上就是股利支付率的倒数，倍数越大，说明支付股利的能力越强 $$股利保障倍数 = \frac{普通股每股收益}{普通股每股现金股利}$$
	（8）留存盈余比率：留存盈余比率是留存盈余与净利润的比率 $$留存盈余比率 = \frac{净利润-全部股利}{净利润}$$

（四）发展能力分析

企业发展能力从结果来看，表现为企业价值的增长；从形成看，表现为销售收入、资金投入和利润创造的不断增长。

1. 营业收入增长率	（1）营业（销售）收入增长率：反映企业营业收入的增减变动情况，是评价企业成长状况和发展能力的重要指标 $$营业收入增长率 = \frac{本年营业收入增长额}{上年营业收入总额} \times 100\%$$ 本年营业收入增长额=本年营业收入总额-上年营业收入总额
	（2）营业（销售）收入3年平均增长率：反映企业的持续发展态势和市场扩张能力 $$营业（销售）收入三年平均增长率 = \left(\sqrt[3]{\frac{本年营业（销售）收入总额}{三年前年营业（销售）收入总额}} - 1 \right) \times 100\%$$
2. 营业利润增值率	（1）营业利润增长率：反映企业营业利润的增减变动情况 $$营业利润增长率 = \frac{本年营业利润增长额}{上年营业利润总额} \times 100\%$$ 本年营业利润增长额=本年营业利润总额-上年营业利润总额
	（2）营业利润三年平均增长率：反映企业的持续增长态势和市场扩张能力，体现企业的发展潜力 $$营业利润三年平均增长率 = \left(\sqrt[3]{\frac{本年营业利润总额}{三年前营业利润总额}} - 1 \right) \times 100\%$$
3. 总资产增长率	（1）总资产增长率：反映企业本期资产规模的增长情况，评价企业经营规模总量上的扩张程度 $$总资产增长率 = \frac{本年总资产增长额}{年初资产总额} \times 100\%$$ 本年总资产增长额=年末资产总额-年初资产总额
	（2）总资产三年平均增长率：反映企业规模的持续增长态势，体现企业规模持续增长对发展能力的影响 $$总资产三年平均增长率 = \left(\sqrt[3]{\frac{年末资产总额}{三年前年末资产总额}} - 1 \right) \times 100\%$$
4. 资本积累率	（1）资本积累率：反映企业当年资本的积累能力，是评价企业发展潜力的重要指标 $$资本积累率 = \frac{本年所有者权益增长额}{年初所有者权益} \times 100\%$$
	（2）资本三年平均增长率：一定程度上反映了企业的持续发展水平和发展趋势 $$资本三年平均增长率 = \left(\sqrt[3]{\frac{年末所有者权益总额}{三年前年末所有者权益总额}} - 1 \right) \times 100\%$$

三、财务报表综合分析

（一）财务报表综合分析的含义

财务报表综合分析就是将企业营运能力、偿债能力、获利能力和发展能力等诸方面的指标纳入一个有机的整体之中，全面地对企业经营状况、财务状况进行解剖与分析。

（二）财务报表综合分析方法

1. 杜邦分析法

杜邦分析法是在考虑各财务比率内在联系的条件下，通过制定多种比率的综合财务分析体系来考察企业财务状况的一种分析方法。

杜邦分析系统的核心在于对公式的分解，其基本原理如下。

（1）与净资产收益率有关的公式分解。

$$净资产收益率 = \frac{净利润}{平均净资产}$$

$$= \frac{净利润}{平均总资产} \times \frac{平均总资产}{平均净资产} \times 100\%$$

$$净资产收益率 = 总资产净利率 \times 权益乘数$$

（2）与总资产净利率有关的公式分解。

$$总资产净利率 = \frac{净利润}{平均总资产} \times \frac{净利润}{营业收入} \times \frac{营业收入}{平均总资产}$$

$$总资产净利率 = 营业净利率 \times 总资产周转率$$

（3）将前面分解的两个公式综合起来可以得到净资产收益率的分解。

$$净资产收益率 = 营业净利率 \times 总资产周转率 \times 权益乘数$$

2. 沃尔评分法

沃尔评分法把若干财务比率用线性关系结合起来，以评价企业的信用水平。

【能力训练】

一、单项选择题（每小题备选答案中，只有一个符合题意的正确答案）

1. 下列关于计算速动比率时要从流动资产中扣除存货原因的表述中，正确的是（　　）。

    A. 存货数量难以确定　　　　　　　　B. 存货的变现能力弱

    C. 存货的价值变化大　　　　　　　　D. 存货的质量难以保证

    答案：B

2. 以下各项中，属于杜邦分析体系中最核心的指标是（　　）。

    A．权益乘数　　　　　　　　　　　B．销售净利率

    C．净资产收益率　　　　　　　　　D．总资产周转率

    答案：C

3. 下列各项中，不会稀释公司每股收益的是（　　）。

    A．发行认股权证　　　　　　　　　B．发行短期融资券

    C．发行可转换公司债券　　　　　　D．授予管理层股份期权

    答案：B

4. 下列各项财务指标中，能够综合反映企业成长性和投资风险的是（　　）。

    A．市盈率　　　　B．每股收益　　　　C．销售净利率　　　　D．每股净资产

    答案：A

5. 下列各项中，最适用于评价投资中心业绩的指标是（　　）。

    A．边际贡献　　　　B．部门毛利　　　　C．剩余收益　　　　D．部门净利润

    答案：C

6. 下列指标中，与总资产报酬率中的"报酬"相吻合的是（　　）。

    A．净利润　　　　B．营业利润　　　　C．利润总额　　　　D．息税前利润

    答案：D

二、多项选择题（每小题备选答案中，有两个或两个以上符合题意的正确答案）

1. 下列关于市盈率的表述中，正确的有（　　）。

    A．通常认为正常的市盈率为 5～20 倍

    B．可以用来估计股票的投资报酬和风险

    C．反映投资者对上市公司每元净利润愿意支付的价格

    D．是上市公司普通股每股市价相当于每股收益的倍数

    答案：ABCD

2. 股利支付率是上市公司财务分析的重要指标，下列关于股利支付率的表述中，正确的有（　　）。

    A．可以评价公司的股利分配政策

    B．反映每股股利与每股收益之间的关系

    C．股利支付率越高，盈利能力越强

    D．是每股股利与每股净资产之间的比率

    答案：AB

3. 按照杜邦分析法，以下各项中，属于提高净资产收益率的途径有（　　）。

    A．加强负债管理，提高资产负债率　　　　B．加强资产管理，提高资产周转率

    C．加强销售管理，提高销售净利率　　　　D．增强资产流动性，提高流动比率

    答案：ABC

4. 发展能力是企业在生存的基础上，扩大规模、壮大实力的潜在能力。下列各项中，属于分析

发展能力的主要指标有（　　　）。

    A．资本积累率   B．总资产周转率

    C．总资产增长率   D．营业利润增长率

    答案：ACD

5．某公司当年的经营利润很多，却不能偿还到期债务。下列财务比率中应检查的有（　　　）。

    A．流动比率   B．资产负债率   C．存货周转率   D．应收账款周转率

    答案：ACD

6．下列各项中，属于衡量企业长期偿债能力指标的有（　　　）。

    A．速动比率   B．资产负债率   C．已获利息倍数   D．总资产周转率

    答案：BC

三、判断题（请判断每小题的表述是否正确，认为表述正确的，在后面的括号中画√；认为表述错误的，在后面括号中画×）

1．一般来说，市盈率高，说明投资者对该公司的发展前景看好，愿意出较高的价格购买该公司股票，但是某种股票的市盈率过高，也意味着这种股票具有较高的投资风险。（　　　）

    答案：√

2．财务分析中的效率指标是某项财务活动中，所费与所得之间的比率，反映投入与产出的关系。（　　　）

    答案：√

3．通过横向和纵向对比，每股净资产指标可以作为衡量上市公司股票投资价值的依据之一。（　　　）

    答案：√

4．应收账款周转天数越短越好。（　　　）

    答案：×

5．尽管流动比率可以反映企业的短期偿债能力，但有的企业流动比率较高，却没有能力支付到期的应付账款。（　　　）

    答案：√

四、计算题（请写出计算步骤及答案）

1．某公司2011年资产负债表（见表1）及有关资料如下，该公司2011年度销售收入为400万元，净利润为50万元。

表1   资产负债表（2011年12月31日）

单位：万元

资产	期初数	期末数	负债及所有者权益	期初数	期末数
货币资金	50	40	流动负债合计	90	110
应收账款净额	70	60	长期负债合计	100	155
存货	150	95	负债合计	190	265
流动资产合计	270	195	所有者权益合计	280	280
固定资产净额	200	350			
资产合计	470	545	负债及所有者权益合计	470	545

要求:

(1)利用杜邦分析体系计算该公司 2011 年净资产收益率。

(2)计算该公司 2011 年末的资产负债率、流动比率,并评价其偿债能力。

答案:

(1)利用杜邦分析体系计算该公司 2011 年净资产收益率

销售净利率＝50/400＝12.5%

总资产周转率＝400/[(470+545)/2]＝0.79(次)

权益乘数＝[(470+545)/2]/[(280+280)/2]＝1.81

净资产收益率＝12.5%×0.79×1.81＝17.86%

(2)流动比率＝270/90＝3

资产负债率＝190/470＝40%

该公司的流动比率高于标准值 2,可见该公司的短期偿债能力较强,因为其资产负债率低于标准值 50%,所以其长期偿债能力也较强。

2. 宏达公司资产负债简表(见表2)。

表2　　　　　　　　　　资产负债简表(2011 年 12 月 31 日)

单位:万元

资产	余额	负债及所有者权益	余额
货币资产	25 000	流动负债	
应收账款净额			
存货		长期负债	
固定资产净额	294 000	所有者权益	240 000
资产总计		负债及所有者权益	

已知宏达公司 2011 年产品销售成本为 315 000 万元,存货周转次数为 4.5,年末流动比率为 1.5,年末产权比率(＝$\dfrac{\text{负债总额}}{\text{所有者权益总额}}$)为 0.8,年初存货等于年末存货。

要求:

(1)根据上述资料填写列宏达公司 2011 年 12 月 31 日资产负债表简表。

(2)假定本年宏达公司赊销收入净额为 86 000 万元,年初应收账款等于年末应收账款。计算该公司应收账款周转天数。(全年按 360 天计算)

答案:

(1)因为年末产权比率＝$\dfrac{\text{负债总额}}{\text{所有者权益总额}}$=0.8,所有者权益总额=240 000

因此负债总额=192 000

因此负债及所有者权益总额=192 000+24 000=432 000

因此资产总计=432 000

因为存货周转次数=产品销售成本/平均存货=4.5，期初存货=期末存货

产品销售成本=315 000

因此存货=315 000/4.5=7 000

因此应收账款=432 000−25 000−70 000−294 000=43 000

因为流动比率=流动资产/流动负债=1.5

流动资产=25 000+43 000+70 000=138 000

因此流动负债=138 000/1.5=92 000

因此长期负债=192 000−92 000=100 000

表3　　　　　　　　　　　　　　　资产负债简表2

资产	余额	负债及所有者权益	余额
货币资产	25 000	流动负债	92 000
应收账款净额	43 000		
存货	70 000	长期负债	100 000
固定资产净额	294 000	所有者权益	240 000
资产总计	432 000	负债及所有者权益	432 000

（2）周转次数=86 000/43 000=2（次）；

周转天数=360/2=180（天）

3. D公司为一家上市公司，已公布的公司2010年财务报告显示，该公司2010年净资产收益率为4.8%，较2009年大幅降低，引起了市场各方的广泛关注，为此，某财务分析师详细收集了D公司2009年和2010年的有关财务指标，如表4所示。

表4　　　　　　　　　　　　　　　相关财务指标

项目	2009年	2010年
销售净利率	12%	8%
总资产周转率（次数）	0.6	0.3
权益乘数	1.8	2

要求：

（1）计算D公司2009年净资产收益率。

（2）计算D公司2010年与2009年净资产收益率的差异。

（3）利用因素分析法依次测算销售利率、总资产周转率和权益乘数的变动对D公司2010年净资产收益率下降的影响。

答案：

（1）2009年净资产收益率＝12%×0.6×1.8＝12.96%

（2）2010年净资产收益率与2009年净资产收益率的差额＝4.8%-12.96%＝-8.16%

（3）销售净利率变动的影响＝(8%-12%)×0.6×1.8＝-4.32%

总资产周转率变动的影响＝8%×(0.3−0.6)×1.8＝-4.32%

权益乘数变动的影响=8%×0.3×(2-18)=0.48%

4．某商业企业 2010 年度赊销收入净额为 2 000 万元，销售成本为 1 600 万元；年初、年末应收账款余额分别为 200 万元和 400 万元；年初、年末存货余额分别为 200 万元和 600 万元；年末速动比率为 1.2，年末现金比率为 0.7。假定该企业流动资产由速动资产和存货组成，速动资产由应收账款和现金类资产组成，一年按 360 天计算。

要求：

（1）计算 2010 年应收账款周转天数。

（2）计算 2010 年存货周转天数。

（3）计算 2010 年年末流动负债余额和速动资产余额。

（4）计算 2010 年年末流动比率。

答案：

（1）应收账款周转天数=54（天）

（2）存货周转天数=90（天）

（3）年末速动资产/年末流动负债=1.2

（年末速动资产-400）/年末流动负债=0.7

解之得：年末流动负债=800（万元）

年末速动资产=960（万元）

（4）流动比率=（960+600）/800=1.95

5．2011 年资产负债表及有关资料（见表 5）。

表5　　　　　　　　　　资产负债表（2011 年 12 月 31 日）

单位：万元

资产	期初数	期末数	负债及所有者权益	期初数	期末数
货币资金	50	40	流动负债合计	90	110
应收账款净额	70	60	长期负债合计	100	155
存货	120	80	负债合计	190	265
流动资产合计	240	180	所有者权益合计	280	280
固定资产净值	200	350			
其他长期资产	20	15			
资产合计	470	545	合计	470	545

该公司 2011 年度销售收入为 300 万元，净利润为 30 万元。

要求：

（1）计算 2011 年年末的流动比率。

（2）计算 2011 年年末资产负债率。

（3）计算 2011 年的销售净利率。

（4）计算 2011 年的总资产周转率。

（5）计算 2011 年净资产收益率。

答案：

（1）流动比率＝1.63

（2）资产负债率＝48.62%

（3）销售净利率＝30/300＝10%

（4）总资产周转率＝300/[（470+545）/2]＝0.59

（5）净资产收益率＝10%×0.59×1.8125＝10.69%

6. D 公司是一家服装加工企业，2011 年营业收入为 3 600 万元，营业成本为 1 800 万元，日购货成本为 5 万元。该公司与经营有关的购销业务均采用赊账方式。假设一年按 360 天计算。D 公司简化的资产负债表如表 6 所示。

表6　　　　　　　　　　资产负债简表（2011 年 12 月 31 日）

单位：万元

资产	金额	负债和所有者权益	金额
货币资金	211	应付账款	120
应收账款	600	应付票据	200
存货	150	应付职工薪酬	255
流动资产合计	961	流动负债合计	575
固定资产	850	长期借款	300
非流动资产合计	850	负债合计	875
		实收资本	600
		留存收益	336
		所有者权益合计	936
资产合计	1 811	负债和所有者权益合计	1 811

要求：

（1）计算 D 公司 2011 年的营运资金数额。

（2）计算 D 公司 2011 年的应收账款周转期、应付账款周转期、存货周转期以及现金周转期（为简化计算，应收账款、存货、应付账款的平均余额均以期末数据代替）。

（3）在其他条件相同的情况下，如果 D 公司利用供应商提供的现金折扣，则对现金周转期会产生何种影响？

（4）在其他条件相同的情况下，如果 D 公司增加存货，则对现金周转期会产生何种影响？

答案：

（1）2011 年营运资金数额=流动资产-流动负债=961-575=386（万元）

（2）应收账款周转期=360/（3600/600）=60（天）

应付账款周转期=120/5=24（天）

存货周转期=360/（1800/150）=30（天）

现金周转期=60+30-24=66（天）

（3）利用现金折扣会缩短应付账款的周转期，则现金周转期增加。

（4）增加存货会延长存货周转期，则现金周转期增加。

【拓展实训】

一、实训目的

通过此实验，使学生掌握财务分析的程序和方法，能够使用多种方法对上市公司的财务状况、经营成果、发展潜力等进行分析和评价。

二、实训类型

应用型实训。

三、实训内容

NBH 公司成立于 2001 年，2005 年 6 月 3 日在深圳证券交易所中小板成功上市。公司是一家从事中高档轿车零部件研发、生产、销售及售后服务的专业汽车零部件制造厂家，主要为上海大众、上海通用、一汽大众和一汽丰田等国内主要整车厂提供非金属类汽车内外饰件及部分金属零部件。其 2009 年—2011 年的财务报表资料如表 3-1～表 3-5 所示。

表 3-1　　　　　　　　　　　资产负债表

编制单位：NBH 公司　　　　　　　　　　　　　　　　　　　　　　　单位：元

项　　目	2011 年 12 月 31 日	2010 年 12 月 31 日	2009 年 12 月 31 日
流动资产			
货币资金	553 275 526.44	737 796 247.96	308 599 097.48
交易性金融资产			
应收票据	101 901 350.00	2 850 000.00	18 090 000.00
应收账款	109 548 160.06	115 379 103.60	137 923 945.10
预付款项	8 229 423.82	15 663 804.99	30 598 697.14
应收利息		391 236.81	
应收股利	91 778 208.36	131 376 567.49	111 498 912.24
其他应收款	149 218 930.17	216 651 749.56	145 439 551.21
存货	91 570.52	16 286 238.22	9 971 406.85
一年内到期的非流动资产			
其他流动资产			
流动资产合计	1 014 043 169.37	1 236 394 948.63	762 121 610.02
非流动资产			
可供出售金融资产			
持有至到期投资			
长期应收款			

续表

项　目	2011 年 12 月 31 日	2010 年 12 月 31 日	2009 年 12 月 31 日
长期股权投资	1 184 250 511.29	1 018 609 073.39	591 650 765.28
投资性房地产	230 274 932.00	157 499 253.86	163 654 725.74
固定资产	41 951 130.15	48 280 322.45	60 003 247.59
在建工程	47 703 568.96	43 958 338.30	19 264 626.61
工程物资			
固定资产清理			
生产性生物资产			
油气资产			
无形资产	42 715 181.73	51 662 490.95	41 869 333.85
开发支出			
商誉			
长期待摊费用	3 327 315.24	5 692 424.71	224 234.83
递延所得税资产	1 428 793.89	2 098 972.07	1 986 441.42
其他非流动资产			
非流动资产合计	1 551 651 433.26	1 327 800 875.73	878 653 375.32
资产总计	2 565 694 602.63	2 564 195 824.36	1 640 774 985.34
流动负债			
短期借款			100 000 000.00
交易性金融负债			
应付票据	251 054 718.52		30 000 000.00
应付账款		198 666 347.00	186 782 198.03
预收款项	8 465 403.75		
应付职工薪酬	12 765 858.25	16 337 955.29	24 585 314.98
应交税费	50 442 730.85	53 552 625.77	7 695 210.97
应付利息			175 500.00
应付股利			
其他应付款	11 002 545.22	5 696 475.66	6 028 808.31
一年内到期的非流动负债			
其他流动负债			
流动负债合计	333 731 256.59	274 253 403.72	355 267 032.29
非流动负债			
长期借款			100 000 000.00
应付债券			
长期应付款			
专项应付款			

续表

项　目	2011年12月31日	2010年12月31日	2009年12月31日
预计负债			
递延所得税负债			45 463 541.36
其他非流动负债		1 769 742.26	
非流动负债合计		1 769 742.26	145 463 541.36
负债合计	333 731 256.59	276 023 145.98	500 730 573.65
所有者权益（或股东权益）			
实收资本（或股本）	553 199 988.00	567 140 000.00	493 740 000.00
资本公积	847 311 731.71	977 580 183.46	167 229 442.83
减：库存股			
专项储备			
盈余公积	117 537 398.66	99 663 245.52	64 718 392.91
未分配利润	713 914 227.67	643 789 249.40	414 356 575.95
外币报表折算差额			
母公司所有者权益合计	2 231 963 346.04	2 288 172 678.38	1 140 044 411.69
少数股东权益			
所有者权益合计	2 231 963 346.04	2 288 172 678.38	1 140 044 411.69
负债和所有者权益总计	2 565 694 602.63	2 564 195 824.36	1 640 774 985.34

表 3-2　　　　　　　　　　　　　所有者权益变动表

编制单位：NBH 公司　　　　　　　　　2011 年度　　　　　　　　　单位：元

项　目	2011 年金额					
	实收资本（或股本）	资本公积	减：库存股	盈余公积	未分配利润	所有者权益合计
一、上年年末余额	567 140 000	977 580 183		99 663 246	643 789 249	2 288 172 678
加：会计政策变更						
前期差错更正						
其他						
二、本年年初余额	567 140 000	977 580 183		99 663 246	643 789 249	2 288 172 678
三、本年增减变动金额	-13 940 012	-130 268 452		17 874 153	70 124 978	-56 209 332
（一）净利润					178 741 531	178 741 531
（二）其他综合收益						
上述（一）和（二）小计					178 741 531	178 741 531
（三）所有者投入和减少资本	-13 940 012	-130 268 452				-144 208 464
1. 所有者投入资本						
2. 股份支付计入所有者权益的金额						

续表

项　目	2011 年金额					
	实收资本（或股本）	资本公积	减：库存股	盈余公积	未分配利润	所有者权益合计
3. 其他	−13 940 012	−130 268 452				−144 208 464
（四）利润分配				17 874 153	−108 616 553	−90 742 400
1. 提取盈余公积				17 874 153	−17 874 153	
2. 提取一般风险准备						
3. 对所有者（或股东）的分配					−90 742 400	−90 742 400
4.其他						
（五）所有者权益内部结转						
1. 资本公积转增资本（或股本）						
2. 盈余公积转增资本（或股本）						
3. 盈余公积弥补亏损						
4.其他						
（六）专项储备						
1. 本期提取						
2. 本期使用						
（七）其他						
四、本期期末余额	553 199 988	847 311 732	0	117 537 399	713 914 228	2 231 963 346

表 3-3　　　　　　　　　　　　所有者权益变动表

编制单位：NBH 公司　　　　　　　2010 年度　　　　　　　单位：元

项　目	2010 年金额					
	实收资本（或股本）	资本公积	减：库存股	盈余公积	未分配利润	所有者权益合计
一、上年年末余额	493 740 000	167 229 443		64 718 393	414 356 576	1 140 044 412
加：会计政策变更						
前期差错更正						
其他						
二、本年年初余额	493 740 000	167 229 443		64 718 393	414 356 576	1 140 044 412
三、本年增减变动金额	73 400 000	810 350 741		34 944 853	229 432 673	1 148 128 267
（一）净利润					349 448 526	349 448 526
（二）其他综合收益		−28 108				−28 108
上述（一）和（二）小计		−28 108			349 448 526	349 420 418
（三）所有者投入和减少资本	73 400 000	777 373 800				850 773 800
1. 所有者投入资本	73 400 000	777 373 800				850 773 800
2. 股份支付计入所有者权益的金额						

续表

项 目	2010 年金额					
	实收资本（或股本）	资本公积	减：库存股	盈余公积	未分配利润	所有者权益合计
3. 其他						0
（四）利润分配				34 944 853	−120 015 853	−85 071 000
1. 提取盈余公积				34 944 853	−34 944 853	
2. 提取一般风险准备						
3. 对所有者（或股东）的分配					−85 071 000	−85 071 000
4.其他						
（五）所有者权益内部结转						
1. 资本公积转增资本（或股本）						
2. 盈余公积转增资本（或股本）						
3. 盈余公积弥补亏损						
4.其他						
（六）专项储备						
1. 本期提取						
2. 本期使用						
（七）其他		33 005 048				33 005 048
四、本期期末余额	567 140 000	977 580 183		99 663 246	643 789 249	2 288 172 678

表 3-4　　　　　　　　　　　　利润表

编制单位：NBH 公司　　　　　　　　　　　　　　　　　　　　单位：元

项 目	2011 年度	2010 年度	2009 年度
一、营业收入	1 281 661 990.55	1 229 527 652.53	828 454 619.33
减：营业成本	1 236 869 974.41	1 150 280 046.50	779 790 332.54
营业税金及附加	2 549 357.26	907 227.92	863 563.91
销售费用	5 252 273.65	7 371 706.95	7 832 287.22
管理费用	60 365 707.58	52 977 819.16	53 846 749.56
财务费用	−15 383 015.15	−5 300 383.54	23 075 289.50
资产减值损失	3 831 727.90	6 830 233.47	9 428 735.15
加：公允价值变动收益（损失以"−"号填列）			
投资收益（损失以"−"号填列）	183 328 627.48	339 227 296.79	416 129 945.40
其中：对联营企业和合营企业投资收益	32 804 935.91	143 215 733.73	94 492 776.69
汇兑收益（损失以"−"号填列）			
二、营业利润（亏损以"−"号填列）	171 504 592.38	355 688 298.86	369 747 606.85
加：营业外收入	9356668.82	3903217.19	2 268 576.00
减：营业外支出	1 060 554.13	1 091 350.24	7 847 630.77

续表

项　目	2011 年度	2010 年度	2009 年度
其中：非流动资产处置损失		60 055.93	10 331.00
三、利润总额（亏损总额以"-"号填列）	179 800 707.07	358 500 165.81	364 168 552.08
减：所得税费用	1 059 175.66	9 051 639.75	49 542 681.38
四、净利润（净亏损以"-"号填列）	178 741 531.41	349 448 526.06	314 625 870.70
归属于母公司所有者的净利润	178 741 531.41	349 448 526.06	314 625 870.70
少数股东损益			
五、每股收益			
（一）基本每股收益			
（二）稀释每股收益			
六、其他综合收益		−28 107.83	612 357.42
七、综合收益总额	178 741 531.41	349 420 418.23	315 238 228.12
归属于母公司所有者的综合收益总额	178 741 531.41	349 420 418.23	315 238 228.12
归属于少数股东的综合收益总额			

表 3-5　　　　　　　　　　　　现金流量表

编制单位：NBH 公司　　　　　　　　　　　　　　　　　　　　　　单位：元

项目	2011 年度	2010 年度	2009 年度
一、经营活动产生的现金流量			
销售商品、提供劳务收到的现金	791 074 352.11	623 920 828.27	673 707 483.62
收到的税费返还	702 569.54		
收到其他与经营活动有关的现金	41 576 926.13	19 386 923.54	10 296 492.31
经营活动现金流入小计	833 353 847.78	643 307 751.81	684 003 975.93
购买商品、接受劳务支付的现金	571 003 197.71	489 267 809.80	648 119 498.37
支付给职工以及为职工支付的现金	22 500 443.51	34 738 620.05	11 323 861.42
支付的各项税费	28 319 260.32	21 934 231.23	2 145 788.78
支付其他与经营活动有关的现金	35 746 565.87	33 817 855.07	13 058 359.53
经营活动现金流出小计	657 569 467.41	579 758 516.15	674 647 508.10
经营活动产生的现金流量净额	175 784 380.37	63 549 235.66	9 356 467.83
二、投资活动产生的现金流量			
收回投资收到的现金		29 600 000.00	336 400 000.00
取得投资收益收到的现金	106 531 600.09	170 035 420.85	64 580 782.11
处置固定资产、无形资产和其他长期资产收回的现金净额	839 982.79	13 445 457.90	800.00
处置子公司及其他营业单位收到的现金净额		16 509 100.00	380 724 000.00
收到其他与投资活动有关的现金	91 947 454.17	1 807 000.00	10 509 996.25
投资活动现金流入小计	199 319 037.05	231 396 978.75	792 215 578.36
购建固定资产、无形资产和其他长期资产支付的现金	87 019 840.31	63 028 546.46	18 491 901.26

续表

项目	2011 年度	2010 年度	2009 年度
投资支付的现金	188 116 125.38	293 827 560.00	34 611 230.00
取得子公司及其他营业单位支付的现金净额		73 760 000.00	
支付其他与投资活动有关的现金	45 500 000.00		60 207 440.00
投资活动现金流出小计	320 635 965.69	430 616 106.46	113 310 571.26
投资活动产生的现金流量净额	−121 316 928.64	−199 219 127.71	678 905 007.10
三、筹资活动产生的现金流量			
吸收投资收到的现金		855 992 000.00	
其中：吸收少数股东投资收到的现金			
取得借款收到的现金		360 000 000.00	912 000 000.00
发行债券收到的现金			
收到其他与筹资活动有关的现金			
筹资活动现金流入小计		1 215 992 000.00	912 000 000.00
偿还债务支付的现金		560 000 000.00	1 362 807 511.72
分配股利、利润或偿付利息支付的现金	90 742 400.00	87 319 020.00	65 036 940.50
其中：支付给少数股东的股利、利润			
支付其他与筹资活动有关的现金	145 168 463.75	3 905 000.00	1 427 844 452.22
筹资活动现金流出小计	235 910 863.75	651 224 020.00	−515 844 452.22
筹资活动产生的现金流量净额	−235 910 863.75	564 767 980.00	
四、汇率变动对现金及现金等价物的影响	−3 077 309.50	99 062.53	
五、现金及现金等价物净增加额	−184 520 721.52	429 197 150.48	172 417 022.71
加：期初现金及现金等价物余额	737 796 247.96	308 599 097.48	136 182 074.77
六、期末现金及现金等价物余额	553 275 526.44	737 796 247.96	308 599 097.48

四、实训要求

1. 根据上述财务报表，了解 NBH 公司 2009 年—2011 年的基本财务状况及经营成果，并对公司内外部环境进行战略分析。

2. 根据 NBH 公司近三年的财务报表资料，结合趋势分析法，对该公司未来的财务状况及经营成果的发展趋势进行分析判断。

3. 以 NBH 公司 2009 年和 2010 年的财务数据为基础，采用比率分析法，计算 2010 年和 2011 年的相关财务指标，并对 NBH 公司 2011 年的偿债能力、营运能力、盈利能力及发展能力进行分析评价。

4. 分别计算 2010 年和 2011 年净资产收益率、销售净利率、总资产周转率及权益乘数等指标，利用杜邦分析法对 NBH 公司 2011 年的财务状况及财务成果进行综合分析评价。

5. 根据比率分析及综合分析结果，对 NBH 公司未来的盈利能力和投资价值进行预测。

第4章 短期筹资方式

【理论指导】

一、筹资概述

(一) 筹资目的

1. 满足生产经营的需要

资金是企业能够设立并开展生产经营活动的先决条件，故筹资的首要目的是满足企业生产经营活动的需要。

2. 满足对外投资的需要

企业为获取更大效益，在开拓有发展前途的对外投资领域时，需要做好筹资工作，以满足对外投资的需要。

3. 满足调整资本结构的需要

当企业的资本结构不合理时，可以通过不同的筹资方式筹集资金来进行调整，通过调整后使企业的资本结构趋于合理。

(二) 筹资原则

1. 规模适当原则

筹资前应采用一定的方法预测需要资金的数量，合理确定筹资规模，以防止筹资不足而影响正常生产经营或筹资过剩而降低筹资效果。

2. 筹措及时原则

企业应使筹资与用资在时间上相衔接，避免筹资过早造成投放前的闲置或筹资滞后错过资金投放的最佳时机。

3. 来源合理原则

企业要认真研究各种筹资来源渠道，合理选择资金来源。

4. 资本结构适当原则

企业应适度举债，合理确定资本结构，以降低财务风险。

（三）筹资渠道

1. 国家财政资金

国家对企业的直接投资是国有企业最主要的资金来源渠道。

2. 银行信贷资金

银行对企业的各种贷款是我国目前各类企业重要的资金来源。

3. 非银行金融机构资金

非银行金融机构是指各种从事金融业务的非银行机构，如信托投资公司、保险公司、证券公司及租赁公司等。

4. 其他法人单位资金

其他法人单位资金是指法人单位以其可以支配的资金在企业之间相互融通而形成的资金。

5. 民间资金

民间资金是指企业职工和城乡居民个人的节余资金，可以对企业进行投资，形成民间资金来源渠道，为企业所利用。

6. 企业内部形成资金

企业内部形成资金主要包括提取的盈余公积金和未分配利润等。

7. 外商资金

外商资金是指外国投资者和我国香港、澳门特别行政区和台湾地区投资者投入的资金。

（四）筹资方式

1. 吸收直接投资

吸收直接投资是非股份制企业筹集权益资本的一种基本方式。

2. 发行股票

发行股票是股份制企业筹集权益资本的一种主要方式。

3. 借款

借款是企业负债经营时所采取的主要筹资方式。

4. 发行债券

发行债券是企业负债筹资的一种重要方式。

5. 商业信用

商业信用是企业之间融通短期资金的一种主要筹资方式。

6. 租赁

租赁是企业筹资的一种特殊方式。

7. 利用留存收益

留存收益有利于满足企业扩大生产经营规模的资金需要，又能够减小企业的财务风险，是企业长期采用的筹资方式。

（五）资金需要量预测

1. 定性预测法

定性预测法是利用直观的资料，依靠个人的经验和主观分析、判断能力，预测未来资金需要量的方法。

2. 因素分析法

因素分析法以有关项目基期年度的平均资金需要量为基础，根据预测年度的生产经营任务和资金周转加速的要求，进行分析调整，以预测资金需要量的一种方法。

计算公式：资金需要量=（基期资金平均占用额-不合理资金占用额）×（1±预测期销售增减率）×（1±预测期资金周转速度变动率）

3. 销售百分比法

销售百分比法将反映生产经营规模的销售因素与资金占用的资产因素连接起来，根据销售增长与资产增长之间的关系，预测未来资金需要量的方法。

4. 线性回归分析法

线性回归分析法根据资金需要量与营业业务量之间的依存关系建立数学模型，然后根据历史有关资料，用回归直线方程预测资金需要量的方法。

（六）短期筹资的特点

（1）筹资速度快，债权人顾虑较少，容易取得。

（2）筹资富有弹性，融资企业的资金使用较为灵活。

（3）筹资成本低。一般来说，当筹资到期日较短时，债权人所承担的利率风险也相对较低。

（4）融资风险高。短期内偿还，若安排不当易陷入财务危机，且短期筹资利率的波动比较大，有可能高于长期负债的利率水平。

（七）短期筹资策略的类型

1. 配合型筹资策略

企业对临时性流动资产所需资金采用临时性短期负债方式筹资，对永久性流动资产及固定资产（统称为永久性资产）采用自发性短期负债和长期负债、权益资本筹资。

2. 激进型筹资策略

企业临时性短期负债不但要满足临时性流动资产的资金需要，还要满足一部分永久性流动资产的需要。

3. 保守型筹资策略

企业临时性短期负债只满足部分临时性流动资产的资金需要，另一部分临时性流动资产和永久性资产，则由自发性短期负债和长期负债、权益资本作为资金来源。

（八）短期筹资的方式

1. 商业信用

商业信用是在商品交易过程中，由于企业之间延期付款或预收货款而形成的借贷关系。

2. 短期借款

短期借款是企业为解决短期资金周转的困难而向银行或其他金融机构借入的期限在一年以内的各种借款。

3. 短期融资券

短期融资券是由实力雄厚的大型企业发行的无担保短期本票。

4. 应付费用

应付费用是企业在生产经营和利润分配过程中发生的应付而未付的费用，是一种自然筹资方式。

二、商业信用

（一）商业信用

商业信用是在商品交易中，由于延期付款或预收货款所形成的企业间的借贷关系，具体形式主要有应付账款、应付票据、预收账款等。

（二）应付账款

应付账款是买卖双方发生商品交易后，卖方允许买方在购货后一定时期内支付货款的一种形式。

（三）应付票据

应付票据是购销双方按购销合同进行商品交易，延期付款而签发的、反映债权债务关系的票据。

（四）预收账款

预收账款是卖方企业在交付货物之前，向买方预先收取部分或全部货款的信用形式。

（五）商业信用筹资评价

1. 优点

（1）无须正式办理筹资手续。

（2）限制条件较少，选择余地较大。

（3）如果没有现金折扣，或者企业不放弃现金折扣，以及使用不带息商业汇票，则商业信用筹资不负担成本。

2. 缺点

商业信用期限一般较短。

三、短期借款

（一）含义

企业向银行和其他非银行金融机构借入的期限在一年以内的借款。

（二）种类

1. 目的和用途　生产周转借款、临时借款、结算借款。

2. 偿还方式　一次性偿还借款、分期偿还借款。

3. 利息支付方法　收款法借款、贴现法借款、加息法借款。

4. 有无担保　抵押借款、信用借款。

（三）短期贷款的信用条件

信贷限额、周转信贷协定、补偿性余额、借款抵押、偿还条件、其他承诺。

（四）短期借款利息支付方法

1. 收款法

收款法是企业在借款到期时向银行支付利息的方法。

2. 贴现法

贴现法是银行向企业发放贷款时，先从本金中扣除利息部分，到期时，借款企业要偿还全部本金的一种计息方法。

3. 加息法

加息法是银行发放分期等额偿还贷款时采用的利息收取方法。

（五）短期筹资方式评价

1. 优点

筹资效率较高，筹资的弹性大。

2. 缺点

短期内要归还，筹资风险高，实际利率较高。

四、短期筹资的其他方式

（一）短期融资券

1. 含义

短期融资券是由企业依法发行的无担保短期本票。

2. 种类

发行方式：经纪人承销的融资券、直接销售的融资券。

发行人：金融企业的融资券、非金融企业的融资券。

发行和流通范围：国内融资券、国际融资券。

3. 发行条件

（1）发行人为非金融企业。

（2）发行和交易的对象是银行间债券市场的机构投资者。

（3）融资券的发行由符合条件的金融机构承销。

（4）对企业发行融资券实行余额管理。

（5）采用实名记账方式在中央国债登记结算有限责任公司登记托管。

（6）融资券可以在全国银行间债券市场的机构投资人之间流通转让。

4. 评价

优点：

（1）融资成本较低。

（2）数额比较大。

（3）可以提高企业信誉和知名度。

缺点：

（1）不能展期。

（2）只有当企业的资金需求达到一定数量时，才适合使用短期融资券。

（3）条件比较严格。

（二）应付费用

1. 含义

应付费用是企业应付未付的费用，这些应付费用是形成在前，支付在后，因此在支付之前可以为企业所利用。

2. 评价

应付费用是一项免费的短期资金来源；使用时必须注意对支付期的控制，以免拖欠应付费用给企业带来损失。

【能力训练】

一、单项选择题（每小题备选答案中，只有一个符合题意的正确答案）

1. 某项贷款年利率为10%，银行要求的补偿性余额为10%，则该贷款的实际利率是（   ）。

    A. 8%   B. 10%   C. 11.1%   D. 12.5%

    答案：C

2. 某企业按"2/10，$n/45$"的条件购进商品一批，若该企业放弃现金折扣优惠，则放弃现金折扣的机会成本是（   ）。

    A. 16.33%   B. 20.99%   C. 25.31%   D. 28.82%

    答案：B

3. 下列各项中，属于非经营性负债的是（   ）。

    A. 应付账款   B. 应付票据

    C. 应付债券   D. 应付职工薪酬

    答案：C

4. 下列关于短期融资券筹资的表述中，不正确的是（   ）。

    A. 由企业依法发行的有担保短期本票

    B. 约定在1年内还本付息的债务融资工具

    C. 在我国，短期融资券在银行间债券市场发行和交易

    D. 中国人民银行对短期融资券的发行、交易、登记、托管、结算和兑付进行监督管理

    答案：A

5. 下列各项中，不属于企业在商品交易中，由于延期付款或预收货款所形成的企业间的借贷关系的是（   ）。

    A. 应付账款   B. 应付票据

    C. 预收账款   D. 短期借款

    答案：D

二、多项选择题（每小题备选答案中，有两个或两个以上符合题意的正确答案）

1. 下列各项中，属于企业筹资目的的有（   ）。

    A. 满足生产经营的需要   B. 满足对外投资的需要

    C. 满足调整资本结构的需要   D. 满足扩大规模的需要

    答案：ABCD

2. 下列各项中，属于企业筹资时应遵循原则的有（   ）。

    A. 规模适当原则   B. 筹措及时原则

    C. 来源合理原则   D. 资本结构适当原则

    答案：ABCD

3. 下列各项中，属于目前我国企业的筹资主要渠道的有（　　　　）。

　　A. 国家财政资金　　　　　　　　　　B. 银行信贷资金

　　C. 非银行金融机构资金　　　　　　　D. 其他法人单位资金

　　答案：ABCD

4. 下列各项中，属于目前我国企业的筹资主要方式的有（　　　　）。

　　A. 发行债券　　　　　　　　　　　　B. 发行股票

　　C. 吸收直接投资　　　　　　　　　　D. 利用留存收益

　　答案：ABCD

5. 下列各项中，属于企业短期筹资方式的有（　　　　）。

　　A. 商业信用　　　　　　　　　　　　B. 短期借款

　　C. 应付费用　　　　　　　　　　　　D. 短期融资券

　　答案：ABCD

三、判断题（请判断每小题的表述是否正确，认为表述正确的，在后面的括号中画√；认为表述错误的，在后面括号中画×）

1. 配合型筹资策略是指企业对临时性流动资产所需资金采用临时性短期负债方式筹资，对永久性流动资产及固定资产采用自发性短期负债和长期负债、权益资本筹资。（　　　）

　　答案：√

2. 保守型筹资策略是指企业临时性短期负债不但要满足临时性流动资产的资金需要，还要满足一部分永久性流动资产的需要。（　　　）

　　答案：×

3. 一旦企业与银行签订周转信贷协议，则在协定的有效期限内，只要企业的借款总数额不超过最高限额，银行就必须满足企业任何时候提出的借款要求。（　　　）

　　答案：√

4. 补偿性余额的约束有助于降低银行贷款风险，但同时也减少了企业实际可动用的借款额，提高了借款的实际利率。（　　　）

　　答案：√

5. 贴现法是银行向企业发放贷款时，先从本金中扣除利息部分，到期时，借款企业要偿还全部本金的一种计息方法。（　　　）

　　答案：√

四、计算题（请写出计算步骤及答案）

1. 某企业 2013 年敏感资产和敏感负债占销售收入百分比分别为 40% 和 15%，预计 2010 年销售收入将增长 2 000 万元，达到 12 000 万元，如果销售净利率为 4%，利润留存比例为 60%，请计算预计 2014 年外部筹资额为多少万元。

　　答案：

　　外部筹资额=2000×（40%-15%）-12 000×4%×60%=212（万元）

2．某企业计划购入 100 000 元 A 材料，销货方提供的信用条件为"1/10，n/30"，针对下列互不相关的几种情况，请问该企业是否享有现金折扣提供决策依据？

（1）企业现金不足，需从银行借入资金支付购货款，借款利率为 10%。

（2）企业有支付能力，但现在有一个短期投资机会，预计投资报酬率为 20%。

（3）企业由于发生了意外灾害，支付一笔赔偿款而使现金紧缺，但企业预计信用期后 30 天能收到一笔款，故企业拟展延付款期至 90 天，该企业一贯重合同、守信用。

答案：

放弃现金折扣成本＝1%/（1-1%）×360/（30-10）＝18.18%

（1）因为 18.18%＞10%，因此企业应向银行借款，享受现金折扣。

（2）因为 20%＞18.18%，因此企业应放弃现金折扣，进行短期投资。

（3）如在第 90 天付款，则

放弃现金折扣成本＝1%/（1-1%）×360/（90-10）＝4.55%

如在第 60 天付款，则

放弃现金折扣成本＝1%/（1-1%）×360/（60-10）＝7.27%

企业既重合同守信用，且信用期 30 天后可收到一笔货款，则应与销货方协商展延至 60 天付款，以维持企业的信誉。虽然 90 天后付款可降低筹资成本，但却会使企业失去信誉。

【拓展实训】

一、实训目的

了解并掌握短期筹资的方式，掌握不同短期筹资方式下实际资金成本的计算方法，了解不同短期筹资方式的优缺点，能根据实际情况进行分析评价，并做出短期筹资决策。

二、实训类型

应用型实训。

三、实训内容

恒丰公司短期筹资决策

恒丰公司是一个经营季节性很强、信用强的大中型企业，每年一到生产经营旺季，企业就面临这产品供不应求，资金严重不足的问题，让公司领导和财务经理伤脑筋，2002 年，公司生产中所需的 A 材料面临缺货，急需 200 万元资金投入，而公司目前尚无多余资金。若这一问题得不到解决，就给企业生产及当年效益带来严重影响。为此，公司领导要求财务经理尽快想办法解决。财务部经过一番讨论后，形成 4 种备选筹资方案。

方案一：银行短期借款，工商银行提供期限为 3 个月的短期借款 200 万元，年利率为 8%，银行要求保留 20% 的补偿性余额。

方案二：票据贴现。将面额为 220 万元的未到期（不带息）商业汇票提前 3 个月进行贴现，贴现率为 9%。

方案三：商业信用融资。天龙公司愿意以"2/10，n/30"的信用条件，向其销售 200 万元的 A

材料。

方案四：安排专人将 250 万元的应收款项催回。

恒丰公司产品的销售利润率为 9%。

要求：请你协助财务经理选择恒丰公司的短期资金筹集方式。

四、实训要求

1. 计算银行短期借款的实际利率，结合销售利润率分析是否可以举债筹资。

2. 计算贴现贷款的实际利率。

3. 分析商业信用筹资是否存在资金成本，如果有，计算商业信用成本。

4. 分析催收应收账款对企业有何影响，是否可以采纳这一方案？

5. 分析不同短期筹资方案的利弊，并做出筹资决策。

第5章 | 长期筹资方式

【理论指导】

一、 吸收直接投资

吸收直接投资是指企业吸收国家、法人、个人以及外商以货币、实物、无形资产等形式出资形成企业资金的一种筹资方式。

(一) 吸收直接投资的种类

1. **吸收国家投资**

吸收国家投资是指有权代表国家投资的政府部门或者机构以国有资产投入企业。

2. **吸收法人投资**

吸收法人投资是指法人单位以其依法可以支配的资产投入企业中，由此形成法人资本金。

3. **吸收个人投资**

吸收个人投资是指社会个人或本企业内部职工以个人合法财产投入企业，由此形成个人资本金。

4. **吸收外商投资**

吸收外商投资是指外国投资者以及我国香港、澳门、台湾地区投资者投入的资金，由此形成外商资本金。

(二) 吸收直接投资的出资方式

1. **现金出资**

企业有了现金，就可以购置各种物质资料，支付各种费用，比较灵活方便。

2. **实物出资**

实物出资是指以房屋、建筑物、设备等固定资产和材料、燃料、商品等流动资产所进行的投资。

3. **无形资产出资**

无形资产出资是以专有技术、商标权、专利权、土地使用权等无形资产所进行的投资。

（三）吸收直接投资的优缺点

1. 吸收直接投资的优点

（1）吸收直接投资能提高企业的资信和借款能力。

（2）能使企业尽快形成生产能力，将产品迅速推向市场。

（3）有助于企业之间强强联合，优势互补。

（4）不存在还本付息的压力，财务风险小。

2. 吸收直接投资的缺点

（1）资金成本较高。

（2）吸收直接投资容易分散企业控制权。

（3）吸收直接投资筹资范围小，不能面向大众筹资。

（4）不以股票为媒介，产权关系有时不够明晰，不便于转让。

二、 发行股票

（一）发行普通股

1. 普通股的定义

普通股是指在公司的经营管理、盈利及财产的分配上享有普通权利的股份，代表满足所有债权偿付要求、优先股东的收益权与求偿权要求后，对企业盈利和剩余财产的索取权。

2. 普通股的种类

（1）按股票有无记名，可分为记名股票和不记名股票。

（2）按股票是否标明金额，可分为有面值股票和无面值股票。

（3）按投资主体的不同，可分为国家股、法人股、个人股等。

（4）按发行对象和上市地区的不同，又可将股票分为 A 股、B 股、H 股和 N 股等。

3. 普通股发行的规定与条件

（1）每股金额相等。

（2）股票发行价格可以按票面金额，也可以超过票面金额，但不得低于票面金额。

（3）股票应当载明公司名称、公司登记日期、股票种类、票面金额及代表的股份数、股票编号等主要事项。

（4）向发起人、国家授权投资的机构、法人发行的股票，应当为记名股票；对社会公众发行的股票，可以为记名股票，也可以为无记名股票。

（5）公司发行记名股票的，应当配备股东名册，记载股东的姓名或者名称、住所，各股东所持股份、股票编号和取得其股份的日期；发行无记名股票的，公司应当记载其股票数量、编号及发行日期。

（6）公司发行新股，必须具备下列条件：具备健全且运行良好的组织结构；具有持续赢利能力，财务状况良好；最近 3 年财务会计文件无虚假记载，无其他重大违法行为；证券监督管理机构规定的其他条件。

（7）公司发行新股，应由股东大会做出有关下列事项的决议：新股种类及数额、新股发行价格、新股发行的起止日期、向原有股东发行新股的种类及数额。

4. 发行普通股的方式、销售方式和发行价格

（1）股票发行方式。

① 公开间接发行，是指通过中介机构，公开向社会公众发行股票。

② 不公开直接发行，是指不公开对外发行股票，只向少数特定的对象直接发行，因而不需经中介机构承销。

（2）股票的销售方式。

① 自销方式，是指发行公司自己直接将股票销售给认购者。

② 承销方式，是指发行公司将股票销售业务委托给证券经营机构代理。

（3）股票发行价格。

① 等价，以股票的票面额为发行价格，也称为平价发行。

② 时价，以本公司股票在流通市场上买卖的实际价格为基准确定的股票发行价格。

③ 中间价。以时价和等价的中间值确定的股票发行价格。

5. 股票上市

股票上市，指的是股份有限公司公开发行的股票经批准在证券交易所进行挂牌交易。经批准在交易所上市交易的股票则称为上市股票。

股份公司申请股票上市，一般出于以下一些目的。

① 资本大众化，分散风险。

② 提高股票的变现力。

③ 便于筹措新资金。

④ 提高公司知名度，吸引更多顾客。

⑤ 便于确定公司价值。

但股票上市也有对公司不利的一面，主要包括：公司将负担较高的信息披露成本；各种信息公开的要求可能会暴露公司的商业机密；股价有时会歪曲公司的实际状况，丑化公司声誉；可能会分散公司的控制权，甚至容易被恶意收购，造成管理上的困难。

6. 发行普通股筹资的优缺点

（1）优点

① 发行普通股筹措资本具有永久性，无到期日，不需归还。

② 发行普通股筹资没有固定的股利负担，股利的支付与否和支付多少，视公司有无赢利和经营需要而定，经营波动给公司带来的财务负担相对较小。

③ 发行普通股筹集的资本是公司最基本的资金来源，它反映了公司的实力，可作为其他方式筹

资的基础，尤其可为债权人提供保障，增强公司的举债能力。

④ 由于普通股的预期收益较高，并可一定程度地抵消通货膨胀的影响，因此普通股筹资容易吸收资金。

（2）缺点。

① 普通股的资本成本较高。

② 以普通股筹资会增加新股东，这可能会分散公司的控制权。

③ 如果公司股票上市，需要履行信息披露制度，这会带来较大的信息披露成本，也增加了保护公司商业机密的难度。

（二）发行优先股

1. 优先股的定义

优先股是公司在筹集资金时，给予投资者某些优先权的股票。

2. 优先股的分类

（1）累积与非累积优先股。

（2）参与优先股与非参与优先股。

（3）可转换优先股与不可转换优先股。

（4）可收回优先股与不可收回优先股。

3. 优先股的3种收回方式

溢价回收、建立偿债基金和发行可转换优先股。

三、 发行债券

（一）债券的概念与特征

1. 债券的概念

债券是政府、金融机构、工商企业等机构直接向社会借债筹措资金时，向投资者发行，承诺按一定利率支付利息，并按约定条件偿还本金的债权债务凭证。

2. 债券的特征

（1）偿还性。发行人必须按约定条件偿还本金并支付利息。

（2）流通性。可以在流通市场上自由转换。

（3）安全性。债券通常规定有固定的利率，与企业绩效没有直接联系，收益比较稳定，风险较小。

（4）收益性。主要来自利息收益以及赚钱差额。

3. 债券的基本要素

（1）票面价值。票面价值是发行人对债券持有人在债券到期后应偿还的本金数额。

（2）偿还期。企业债券上载明的按面值偿还债券的期限。

（3）付息期。企业发行债券后，利息支付的时间。

（4）票面利率。债券利息与债券面值的比率。

（二）债券的分类

1. 按发行主体分为政府债券、金融债券、公司债券

（1）政府债券：由政府发行的债券。

（2）金融债券：由银行或其他金融机构发行的债券。

（3）公司债券：由非金融性质的企业发行的债券。

2. 按债券发行的区域可分为国内债券和国际债券

（1）国内债券：本国的发行主体以本国货币为单位在国内金融市场上发行的债券。

（2）国际债券：本国的发行主体到别国或国际金融组织等以外国货币为单位在国际金融市场上发行的债券。

3. 按利息的支付方式可分为附息债券、贴现债券、普通债券

（1）附息债券：券面上附有各期息票的中长期债券。

（2）贴现债券：发行时按规定的折扣率将债券以低于面值的价格出售，在到期时持有者仍按面额领回本息。

（3）普通债券：除上述两种债券之外的就是普通债券。

4. 按发行方式可分为公募债券和私募债券

（1）公募债券：按法定手续，经证券主管机构批准在市场上公开发行的债券。

（2）私募债券：发行者向与其有特定关系的少数投资者为募集对象而发行的债券。

5. 按有无抵押担保可以分为信用债券和担保债券

（1）信用债券：无担保债券，是仅凭债券发行者的信用而发行的、没有抵押品为担保的债券。

（2）担保债权：以抵押财产为担保而发行的债券。

6. 按是否记名分为记名债券和无记名债券

（1）记名债券：在券面上注明债权人姓名，同时在发行公司的账簿上做同样登记的债券。

（2）无记名债券：券面未注明债权人姓名，也不在公司账簿上登记其姓名的债券。

7. 按是否可转换分为可转换债券与不可转换债券

（1）可转换债券：能按一定条件转换为其他金融工具的债券。

（2）不可转换债券：不能转化为其他金融工具的债券。

（三）债券的发型

1. 债券的发行价格

公式计算：

$$债券发行价格 = \sum_{t=1}^{n} \frac{面值 \times 票面利率}{(1+市场利率)^t} + \frac{面值}{(1+市场利率)^n}$$

2. 债券上市

一般要从以下几个方面来审查企业债券的上市资格。

（1）债券的发行量必须达到一定的规模。

（2）债券发行人的经营业绩必须符合一定条件。

（3）债券持有者的人数应该达到一定数量。

（四）债券的发行条件

（1）股份有限公司的净资产不低于人民币 3 000 万元，有限责任公司的净资产不低于人民币 6 000 万元。

（2）本次发行后累计债券余额不超过最近一期期末净资产额的 40%。

（3）最近 3 年平均可分配利润足以支付公司债券一年的利息。

（4）筹集的资金投向符合国家产业政策。

（5）债券的利率不超过国务院限定的利率水平。

（6）国务院规定的其他条件。

（五）债券的评级

债券信用评级的意义

（1）债券评级是度量违约风险的一个重要指标，债券的等级对于债务融资的利率以及公司债务成本有直接的影响。

（2）债券评级方便投资者做出债券投资决策。

（六）债券筹资评价

1. 债券筹资的优点

（1）债券筹资的范围广、金额大。债券筹资的对象十分广泛，它既可以向各类银行或非银行金融机构筹资，也可以向其他法人单位、个人筹资，因此筹资比较容易，并可筹集较大金额的资金。

（2）具有长期性和稳定性。发行债券所筹集的资金一般属于长期资金，且债券的投资者一般不能在债券到期日之前向企业索要本金，因此债券筹资方式具有长期性和稳定性的特点。

（3）具有财务杠杆作用。债券的利息是固定的费用，债券持有人除获取利息外，不能参与公司净利润的分配，因而具有财务杠杆作用，在息税前利润增加的情况下会使股东的收益以更快的速度增加。

2. 债券筹资的缺点

（1）财务风险大。债券有固定的到期日和固定的利息支出，当企业资金周转出现困难时，易使产业陷入财务困境，甚至破产清算。因此筹资企业在发行债券来筹资时，必须考虑利用债券筹资方式所筹集资金进行的投资项目未来收益的稳定性和增长性问题。

（2）限制性条款多。因为债权人没有参与企业管理的权利，为了保障债权人债权的安全，通常会在债券合同中包含各种限制性条款。这些限制性条款会影响企业资金使用的灵活性。

四、长期借款

（一）长期借款的种类

长期借款是指企业向银行或其他金融机构借入偿还期限较长的资金。

1. 按照付息方式与本金的偿还方式分类

长期借款按照付息方式与本金的偿还方式分类，可分为分期付息到期还本长期借款、到期一次还本付息长期借款及分期偿还本息长期借款。

2. 按所借币种分类

长期借款按所借币种分类，可分为人民币长期借款和外币长期借款。

3. 按照用途分类

长期借款按照用途分类，可分为固定资产投资借款、更新改造借款、科技开发和新产品试制借款等。

4. 按照提供贷款的机构分类

长期借款按照提供贷款的机构分类，可分为政策性银行贷款、商业银行贷款等。此外，企业还可从信托投资公司取得实物或货币形式的信托投资贷款，从财务公司取得各种中长期贷款等。

5. 按照有无担保分类

长期借款按照有无担保分类，可分为信用贷款和抵押贷款。信用贷款指不需企业提供抵押品，仅凭其信用或担保人信誉而发放的贷款。抵押贷款是指要求企业以抵押品作为担保的贷款。长期贷款的抵押品常常是房屋、建筑物、机器设备、股票、债券等。

（二）长期借款筹资评价

1. 长期借款筹资的优点

（1）融资速度快。

（2）借款弹性大。

（3）可以发挥财务杠杆作用。

（4）有助于保守企业财务机密。

2. 长期借款筹资的缺点

（1）限制条件多。银行为了维护自身的利益，在与企业签订的长期借款合同中常常会附加许多限制性条款，这些条款会限制企业对借入资金的灵活运用，并在一定程度上减弱企业的再融资能力。

（2）融资数量有限。长期借款只是向某家或几家金融机构融资，不能像发行股票或债券那样融得大量资金。

（3）财务风险高。长期借款有固定利息和还款期限限制，当企业经营不利、陷入财务困难时，固定的利息支出将成为企业的负担，其至可能导致企业无法偿还到期债务而破产。

五、 融资租赁

（一）租赁的含义

租赁是一种以一定费用借贷实物的经济行为。

（二）租赁的种类及特点

1. 租赁的种类

（1）融资租赁。融资租赁是设备租赁的基本形式，以融通资金为主要目的，是租赁贸易的一种。

（2）经营租赁。为了满足经营使用上的临时或季节性需要而发生的资产租赁。

2. 租赁的特点

（1）租赁一般采用融通设备使用权的租赁方式，以达到融通资产的主要目的。

（2）租赁设备的使用限于工商业、公共事业和其他事业，排除个人消费用途。

（3）租金是融通资金的代价，具有贷款本息的性质。

（4）租期内，设备的所有权归出租人，使用权归承租人。

（三）融资租赁的租金

融资租赁最重要的特征是以定期交付租金作为唯一的支付方式。因此租金计算是该业务的核心要素。我国大部分企业采用平均分摊法和等额年金法。

1. 平均分摊法

这种计算方法不考虑设备购置成本的货币时间价值，先以确定的利息率和手续费率计算出租赁期间应支付的复利利息和手续费，再加上设备成本，然后按支付次数平均计算每次应支付的租金。

平均分摊法下，每次支付租金的计算公式为：$A = \dfrac{(C-S)+F+I}{N}$

其中，A 表示每次支付的租金，C 表示租赁设备的购置成本，S 表示租赁设备的预计残值，I 表示租赁期间的利息，F 表示租赁期间的手续费，N 表示支付次数。

2. 等额年金法

等额年金法运用年金现值的计算原理测算每期应付租金。在等额年金法下，通常综合考虑租赁手续费率和利率，依此确定一个租赁率，并以此作为折现率。

等额年金法下，每期支付租金的计算公式为：$A = \dfrac{PVA_n}{(P/A,i,n)}$

其中，A 表示每期支付的租金，PVA_n 表示等额租金现值，即年金现值；（$P/A,i,n$）表示等额租金现值系数，即年金现值系数；N 表示支付租金期数；i 表示折现率。

（四）融资租赁筹资评价

1. 融资租赁筹资的优点

（1）减轻购置设备的现金流量压力。

（2）可以降低资产过时的风险。

（3）融资租赁容易获得。

（4）融资速度更快，能更快组织生产。

2. 融资租赁筹资的缺点

（1）资本成本较高。

（2）形成企业的财务负担。

【能力训练】

一、单项选择题（每小题备选答案中，只有一个符合题意的正确答案）

1. 下列各项关于吸收直接投资筹措资金优点的表述中，正确的是（　　）。

    A. 有利于降低资金成本　　　　　　　B. 有利于集中企业控制权

    C. 有利于降低财务风险　　　　　　　D. 有利于发挥财务杠杆作用

    答案：C

2. 某企业发行五年期债券，票面面值为 1 000 元，票面利率为 10%，于发行后每期期末支付利息，发行时市场利率为 8%，则该债券的内在价值为（　　）。

    A. 1000 元　　　　　B. 1100 元　　　　C. 1079.77 元　　　D. 1088.44 元

    答案：C

3. 下列各项筹资方式中，形成企业长期债务资金的方式是（　　）。

    A. 吸收国家投资　　　B. 发行普通股　　C. 发行优先股　　　D. 发行长期债券

    答案：D

4. 下列各项中，不属于债券筹资优点的是（　　）。

    A. 财务风险小　　　　　　　　　　　B. 具有财务杠杆的作用

    C. 筹资范围大，金额广　　　　　　　D. 具有长期性和稳定性特点

    答案：A

5. 下列关于发行普通股优点的表述中，正确的是（　　）。

    A. 普通股的资本成本较高

    B. 不会分散公司的控制权

    C. 如果股票上市，信息披露成本较低

    D. 没有固定的到期还本付息的压力，筹资风险小

    答案：D

二、多项选择题（每小题备选答案中，有两个或两个以上符合题意的正确答案）

1. 下列各项中，属于权益资金的筹集方式的有（　　）。

A. 发行债券　　　　B. 发行股票　　　　C. 融资租赁　　　　D. 吸收直接投资

答案：BD

2. 下列关于优先股股东可以优先行使的权利项表述中，正确的有（　　）。

A. 优先认股权　　　　　　　　　　B. 优先表决权

C. 优先分配股利权　　　　　　　　D. 优先分配剩余财产权

答案：CD

3. 相对于股权融资而言，下列关于长期银行借款筹资优点的表述中，正确的有（　　）。

A. 筹资风险小　　B. 筹资速度快　　C. 资本成本低　　D. 筹资数额大

答案：BC

4. 下列各项中，属于债券基本要素的有（　　）。

A. 偿还期　　　　B. 付息期　　　　C. 票面价值　　　　D. 票面利率

答案：ABCD

5. 下列关于吸收直接投资缺点的表述中，正确的有（　　）。

A. 资金成本较高

B. 吸收直接投资容易分散企业控制权

C. 吸收直接投资筹资范围小，不能面向大众筹资

D. 不以股票为媒介，产权关系有时不够明晰，不便于转让

答案：ABCD

三、判断题（请判断每小题的表述是否正确，认为表述正确的，在后面的括号中画√；认为表述错误的，在后面括号中画×）

1. 由于留存收益是企业的利润所形成的，因而没有资金成本。（　　）

答案：×

2. 可转换债券在转换权行使之前属于公司的债务资本，权利行使之后则成为发行公司的所有权资本。（　　）

答案：√

3. 目前国际上公认的最具权威性的信用评级机构，主要有美国的标准·普尔公司和穆迪投资服务公司。（　　）

答案：√

4. 债券的发行价格受市场利率，又称社会平均利率的影响。为了吸引投资者购买，债券的发行价格不能高于债券的内在价值。（　　）

答案：√

5. 按发行对象和上市地区的不同，可将股票分为 A 股、B 股、H 股和 N 股等。（　　）

答案：√

四、计算题（请写出计算步骤及答案）

1. 某公司 2013 年 1 月 1 日拟发行面值为 1000 元，票面利率为 10% 的 5 年期债券，市场利率为 12%。

要求：

（1）假设一次还本付息，单利计息，确定 2014 年 1 月 1 日该债券的发行价格。

（2）假设分期付息，每年年末付息一次，确定 2014 年 1 月 1 日该债券的发行价格。

答案：

（1）债券发行价格 = $1000 \times （1+5 \times 10\%） \times （P/F，12\%，5）= 851.1$（元）

（2）债券发行价格 = $1000 \times 10\% \times （P/A，12\%，5） + 1000 \times （P/F，12\%，5）= 927.88$（元）

2. 某企业于 2013 年 1 月 1 日从租赁公司租入设备，价值 200 万元，租期为 10 年，预计租赁期满时的残值为 6 万元，归租赁公司，年利率按 10% 计算，租金手续费为设备价值的 5%，租金每年末支付一次，则该套设备每次支付的租金为多少？

答案：

$I = 200 \times （1+10\%）^{10} - 200 = 319$（万元）

$F = 200 \times 5\% = 10$（万元）

$R = [（200-6）+319+10]/10 = 52.3$（万元）

3. 某企业向租赁公司租入设备一套，设备原价 100 万元，租期 6 年，预计设备的残值为 5 万元，年利率为 10%，租赁手续费为设备价值的 2%。

要求：计算在下列情况下，该企业每次应付租金的数额。

（1）残值归出租人所有，租金每年年末支付一次。

（2）残值归出租人所有，租金每年年初支付一次。

答案：

（1）$A（P/A，12\%，6）= 100-5（P/F，12\%，6）$

查表：$（P/A，12\%，6）= 3.1114$

$（P/A，12\%，6）= 3.1114$

所以：$A = 31.33$（万元）

（2）$A（P/A，12\%，6）（1+12\%）= 100-5（P/F，12\%，6）$

所以：$A = 27.97$（万元）

【拓展实训】

一、实训目的

熟悉和掌握资本成本的计算方法，把握各种筹资方式的优缺点，能根据实际情况分析财务风险，并做出筹资决策。

二、实训类型

应用型实训。

三、实训内容

南方家具公司长期筹资决策

2001 年 8 月，南方家具公司管理层正在研究公司资金筹措问题，其有关情况如下。

（一）基本情况

南方家具公司成立于 1990 年，经过 10 年的发展，到 2000 年资产达到 794 万元，销售收入达到 1620 万元，净利达到 74 万元。尽管 2000 年是家具行业的萧条年，但该公司销售收入和净利仍比上年分别增长了 8.7%和 27.6%。该公司规模偏小，生产线较少，不能在每年向市场推出大量新产品。在今后 5 年中，预计销售收入将成倍增长，而利润的增长幅度相对降低。为了达到这一目标，公司必须扩大生产规模，计划新建一家分厂，到 2003 年年末，使生产能力翻一翻。分厂直接投资需要 800 万元，其中 2002 年投资 500 万元，2003 年投资 300 万元。这将是同行业中规模最大，现代化程度最高的工厂。此外，需要 50 万元资金整修和装备现有的厂房和设备，还需要 300 万元的流动资金以弥补生产规模扩大而引起的流动资金的不足。这三项合计共需资金 1150 万元。在未来几年中，通过公司内部留用利润和提高流动资金利用效果，可解决 350 万元资金，另外 800 万元资金必须从外部筹措。2001 年 9 月 2 日的董事会上将正式讨论筹资问题。

（二）行业情况

家具业是高度分散的行业，在 1000 多家家具企业中，销售收入超过 1500 万元的不到 30 家。在过去几年中，家具行业一直经历着兼并和收购的风险，而且其趋势愈演愈烈。但该行业的发展前景是可观的，经济不景气时期已经过去，该行业也会随着经济复苏而发展起来。南方家具公司和同行业三家公司 2000 年的财务资料如表 5-1 所示。

表 5-1　　　　　　　　　南方家具公司和同行业三家公司 2000 年的财务资料

单位：万元

项　　目	AA 公司	BB 公司	CC 公司	南方公司
销售收入	3713.2	12929.3	7742.7	1620
净利	188.4	1203.2	484.9	74
流动比率	3.2	7.2	4.3	4.08
流动资本	1160.7	4565.1	2677.8	425
资产负债率	1.4%	2.0%	10.4%	28.1%
流动资本占普通股权益	65.4%	64.9%	67.3%	74.4%
销售净利率	5.1%	9.3%	6.3%	4.58%
股东权益报酬率	10.6%	17.1%	12.2%	13.6%
普通股每股收益	0.70	2.00	1.93	1.23
普通股每股股利	0.28	0.80	0.60	0.30
市盈率	16.2	17.8	16.2	9.6

（三）南方公司财务状况

南方公司现有长期借款 85 万元，其中 10 万元在一年内到期，年利率为 5.5%。每年年末偿还本金 10 万元。借款合约规定公司至少要保持 225 万元的流动资金。南方公司于 1996 年以每股 5 元公开发行普通股 170 000 股，目前公司发行在外的普通股共计 600 000 股，其股利政策保持不变，年股利支付率为 35%。此外，该公司 2001 年固定资产投资 30 万元。该公司近几年的资产负债表及损益表分别如表 5-2、表 5-3 所示。

表 5-2 　　　　　　　　　　　　南方家具公司资产负债表

单位：万元

项　目 ＼ 年　份	1998	1999	2000	2001.8.31
资产				
现金	26	23	24	63
应收账款	209	237	273	310
存货	203	227	255	268
其他	8	10	11	14
流动资产合计	446	497	563	655
固定资产原值	379	394	409	424
减：累计折旧	135	155	178	189
固定资产净值	244	239	231	235
资产总计	690	736	794	890
负债及股东权益	7	7		
应付账款及应计费用	62	90	102	125
一年内到期的长期借款	10	10	10	10
应付股利				5
应付税款	36	25	26	50
流动负债合计	108	125	138	170
长期负债	105	95	85	85
股东权益	477	516	571	635
负债及股东权益总计	690	736	794	890

表 5-3 　　　　　　　　　　　　南方家具公司损益表

单位：万元

项　目 ＼ 年　份	1996	1997	1998	1999	2000	2001.8.31
销售净额	1062	1065	1293	1491	1620	1279
销售成本	853	880	1046	1201	1274	968
销售毛利	209	185	247	290	346	311
销售及管理费用	111	122	142	160	184	136
利息费用	8	7	7	6	5	3
税前利润	90	56	98	124	157	172
所得税（50%）	44	27	51	66	83	87
净收益	46	44	47	58	74	85
普通股每股收益	0.77	0.73	0.78	0.97	1.23	1.42

续表

年　份 项　目	1996	1997	1998	1999	2000	2001.8.31
每股现金股利	0.27	0.27	0.27	0.30	0.30	0.27
折旧			21	22	22	

（四）南方公司预计财务资料

表 5-4　　　　　　　　　　　　　　南方家具公司预计息税前利润

年　份 项　目	2001	2002	2003	2004	2005
销售净额	2080	2500	3100	3700	4200
销售成本	1574	1890	2347	2800	3179
销售毛利	506	610	753	900	1021
销售及管理费用	223	270	335	400	454
息税前利润	283	340	418	500	567
折旧费	23	75	100	100	100

（五）筹资方式

公司管理部门最初倾向于发行股票筹资，该公司股价达 21.06 元，扣除预计 5%的发行费用，每股可筹资 20 元；发行股票 400 000 股，可筹集资金 800 万元。这种方案必须在董事会讨论决定后于 2002 年年初实施。

但投资银行建议通过借款方式筹资，他们认为借款筹资可以降低资本成本。其有关条件为：

（1）年利率 7%，期限 10 年；

（2）从 2004 年年末开始还款，每年年末偿还本金 80 万元；

（3）借款的第一年，公司的流动资金必须保持在借款总额的 50%，以后每年递增 10%，直到达到未偿还借款的 80%；

（4）股东权益总额至少为 600 万元；

（5）借款利息在每年年末支付。

四、实训要求

1．编制利息计算表，分别计算借款筹资和股票筹资方案下 2001 年—2005 年各年的利息。

2．编制损益计算表，分别计算借款筹资和股票筹资方案下 2001 年—2005 年各年的税后净利润、股利分配、留用利润。

3．编制简单资产负债表，分别计算借款筹资和股票筹资方案下 2001 年—2005 年各年的流动资产、固定资产净值、流动负债、长期负债、股东权益总额等主要项目。

4．分别计算两种筹资方式下各年的资本成本。

5．分析不同筹资方式对公司财务状况的影响。

6．从财务风险、资本成本、股东利益以及有关限制条件等多方面进行综合考虑、权衡利弊得失，为该公司做出筹资决策并说明理由。

第6章 筹资决策

【理论指导】

一、资本成本

(一) 资本成本的含义和作用

1. 资本成本的含义

资本成本是指企业为取得和使用资本而付出的代价,包括筹资费用和用资费用两个部分。所谓筹资费用是指企业在筹集资本的过程中所付出的代价。例如,银行借款手续费、股票和债券的发行费用等;所谓用资费用是指企业在使用资金的过程中所付出的代价。例如,向债权人支付的利息、向股东支付的股利等。

2. 资本成本的作用

(1) 资本成本是企业选择资金来源、确定筹资方案的重要依据。

(2) 资本成本是企业评价投资项目、确定投资方案的主要标准。

(3) 资本成本是评价企业经营成果的最低标准。

(二) 个别资本成本

1. 含义

个别资本成本是指各种筹资方式的资本成本。企业筹资方式包括长期借款、发行债券、发行优先股、发行普通股和利用留存收益等。相应地,个别资本成本有长期借款资本成本、债券资本成本、优先股资本成本、普通股资本成本及留存收益资本成本。

2. 长期借款资本成本

企业长期借款资本成本可以按照下列公式计算:$K_t = \dfrac{I_t(1-T)}{L(1-F_t)} = \dfrac{R_t(1-T)}{1-F_t}$

其中,K_t 表示长期借款资本成本;I_t 表示长期借款年利息;T 表示企业所得税税率;L 表示长期借款筹资额,即借款本金;F_t 表示长期借款筹资费用率;R_t 表示长期借款年利率。

3. 债券资本成本

债券资本成本率的计算公式为:$K_b = \dfrac{I_b(1-T)}{B(1-F_b)}$,

其中，K_b 表示债券资本成本；I_b 表示债券年利息；T 表示企业所得税税率；B 表示债券筹资额，按发行价格确定；F_b 表示债券筹资费用率。

4. 优先股资本成本

优先股资本成本的计算公式为：

$$K_p = \frac{D_F}{P_0(1-F)}$$

其中，K_p 表示优先股资本；D_F 表示优先股年股利；P_0 表示优先股筹资额；F 表示优先股筹资费用率。

5. 普通股资本成本

（1）资本资产定价模型为：

$$K_s = R_f + \beta \times (R_m - R_f)$$

其中，K_s 表示普通股资本成本；R_f 表示无风险报酬率；β 表示该股票的贝塔系数；R_m 表示平均风险股票报酬率。

（2）股利增长模型为：

$$K_s = \frac{D_1}{P_1(1-F)} + g$$

其中，K_s 表示普通股成本；D_1 表示预期年股利额；P_1 表示普通股当前市价；F 表示发行普通股筹资费率；g 表示股利的年增长率。

6. 留存收益资本成本

企业的留存收益是由企业税后净利润形成的，是一种所有者权益，其实质是所有者向企业的追加投资，其计算与普通股成本基本相同，也分为股利增长模型法和资本资产定价模型法，不同在于留存收益资本成本率不考虑筹资费用。

（三）边际资本成本

1. 含义

边际资本成本是指企业追加筹资的资本成本率，是企业追加投资和筹资决策中必须考虑的问题。

2. 步骤

（1）确定目标资本结构。

（2）测算各种资本的成本。

（3）测算筹资总额分界点（筹资总额分界点 $= \dfrac{\text{某一特定成本下筹集的该项新资本的限额}}{\text{该项资本在资本结构中的比重}}$）

（4）测算边际资本成本。

（四）加权平均资本成本

1. 含义

加权平均资本成本是指多种融资方式下的综合资本成本率，可以反映企业资本成本整体水平。

2. 加权平均资本成本率的计算

平均资本成本率的计算可供选择的价值形式有账面价值、市场价值、目标价值等。

其计算公式为 $K_w = \sum_{j=1}^{n} K_j W_j$（$K_w$ 表示加权平均资本成本；K_j 表示第 j 种个别资本成本；W_j 表示第 j 种个别资本在全部资本中的比重）。

（1）账面价值：个别资本的会计报表账面价值。

（2）市场价值：个别资本的现行市价。

（3）目标价值：各项个别资本预计的未来价值。

二、杠杆利益与风险衡量

（一）经营风险与经营杠杆

1. 经营风险

（1）含义：经营风险是指企业未使用债务时经营的内在风险。

（2）影响因素：产品需求、产品售价、产品成本、调节产品成本价格能力、固定成本比重。

2. 经营杠杆

含义：由于固定经营成本的存在，而使得企业息税前利润变动率大于业务量变动率的现象。

息税前利润计算公式为 $EBIT = S - V - F = (P - V_C) Q - F = M - F$。

式中：$EBIT$ 表示息税前利润；S 表示销售总额；V 表示变动成本总额；F 表示固定成本总额；P 表示销售单价；V_C 表示单位变动成本；Q 表示产销业务量；M 表示边际贡献。

当息税前利润为 0 时，企业的销售收入和成本总额相等，达到盈亏平衡点，此时产品销售数量为 $Q = \dfrac{F}{P - V_C}$

3. 经营杠杆系数

（1）含义：息税前利润（$EBIT$）的变动率相对于产销业务量变动率的倍数。

（2）计算公式为 $DOL = \dfrac{息税前利润变动率}{产销量变动率} = \dfrac{\Delta EBIT}{EBIT} \Big/ \dfrac{\Delta Q}{Q}$

式中：DOL 表示经营杠杆系数；$\Delta EBIT$ 表示息税前利润变动额；ΔQ 表示产销业务变动量的变动值。

（二）财务风险与财务杠杆

1. 财务风险

（1）含义：财务风险是指由于企业运用了债务筹资方式而产生的丧失偿付能力的风险。

（2）主要变现如下。

① 无力偿还债务的风险。企业的负债为定期付息，到期还本，企业利用负债投资未能按时收回并取得收益，则无法偿还利息及本金。

② 利率变动风险。企业在负债期间，由于通货膨胀、贷款利率增加等因素影响，负债的资本成本增加，抵减了预期收益。

③ 筹资风险。企业负债经营，继续举债，降低债权人的债权保障程度。

2. 财务杠杆

（1）含义：由于固定性资本成本的存在，而使得企业的普通股收益变动率大于息税前利润变动率的现象。

（2）公式为 $TE=(EBIT-I)(1-T)$

$$EPS=(EBIT-I)(1-T)/N$$

3. 财务杠杆系数

计算公式为 $DFL=\dfrac{每股收益变动率}{息税前利润变动率}=\dfrac{\Delta EPS/EPS}{\Delta EBIT/EBIT}$

其中，DFL 表示财务杠杆系数；ΔEPS 表示普通股每股收益变动额；EPS 表示变动前的普通股每股收益；$\Delta EBIT$ 表示息前税前利润变动额；$EBIT$ 表示变动前的息税前利润。

（三）公司总风险与复合杠杆

1. 复合杠杆

经营杠杆与财务杠杆的连锁作用称为复合杠杆。

2. 计算公式

$$DTL=\dfrac{每股收益变动率}{产销量变动率}=\dfrac{\Delta EPS/EPS}{\Delta Q/Q}$$

三、资本结构决策

（一）资本结构决策

资本结构是指企业资本总额中各种资本的构成及其比例关系。

（二）资本结构影响因素分析

（1）企业产销业务的稳定程度。

（2）企业财务状况。

（3）企业投资人和管理当局的态度。

（4）行业特征和企业发展周期。

（5）经济环境的税务政策和货币政策。

（三）资本结构决策方法

1. 资本成本比较法

通过计算筹资组合方案的平均资本成本，选择资本成本率最低的方案。

2. 每股收益分析法

企业每股收益受到经营利润、债务资本成本等因素的影响，根据每股收益与资本结构，可以找到每股收益无差别点。根据每股收益无差别点，可以分析判断在什么样的息税前利润水平或产销业务量水平前提下，宜采用何种筹资组合方式，进而确定企业的资本结构安排。

3. 公司价值比较法

在考虑风险的基础上，以公司市场价值为标准优化资本结构。合理的资本结构能够提升公司的价值。

【能力训练】

一、单项选择题（每小题备选答案中，只有一个符合题意的正确答案）

1. 某公司产权比率为 2 : 5，若资金成本和资金结构不变且负债全部为长期债券，当发行 100 万元长期债券时，筹资总额分界点是（　　）。

    A. 100 万元　　　　B. 200 万元　　　　C. 350 万元　　　　D. 1 200 万元

    答案：C

2. 大华公司按面值发行 100 万元的优先股，筹资费用率为 2%，每年支付 10%的股利。若该公司的所得税税率为 30%，则优先股的成本是（　　）。

    A. 7.37%　　　　B. 10%　　　　C. 10.20%　　　　D. 15%

    答案：C

3. 下列各项中，属于运用普通股每股利润无差别点确定最佳资金结构时，需计算的指标是（　　）。

    A. 净利润　　　　B. 利润总额　　　　C. 营业利润　　　　D. 息税前利润

    答案：D

4. 下列各项中，不存在财务杠杆作用的筹资方式是（　　）。

    A. 银行借款　　　B. 发行债券　　　C. 发行优先股　　　D. 发行普通股

    答案：D

5. 某公司的经营杠杆系数为 2，财务杠杆系数为 3，预计销售将增长 10%，则每股收益率是（　　）。

    A. 20%　　　　B. 30%　　　　C. 50%　　　　D. 60%

    答案：D

6. 某公司经营风险较大，准备采取系列措施降低杠杆程度，下列措施中，无法达到这一目的的是（　　）。

    A. 降低利息费用　　　　　　　　B. 降低固定成本水平

C. 降低变动成本   D. 提高产品销售单价

答案：A

二、多项选择题（每小题备选答案中，有两个或两个以上符合题意的正确答案）

1. 下列各项中，属于在计算个别资金成本时，需要考虑所得税抵减作用的筹资方式有（   ）。

A. 优先股   B. 普通股   C. 银行借款   D. 长期债券

答案：CD

2. 下列各项中，属于影响企业资本结构因素的有（   ）。

A. 企业的财务状况   B. 企业产销业务的稳定程度

C. 行业特征和企业发展周期   D. 经济环境的税务政策和货币政策

答案：ABCD

3. 下列关于资本成本的表述中，正确的有（   ）。

A. 资金成本主要是以年度的相对比率为计量单位

B. 资金成本并不是企业筹资决策中要考虑的唯一因素

C. 资金成本可以视为项目投资或使用资金的机会成本

D. 资金成本的本质是企业为筹集和使用资金而发生的代价

答案：ABCD

4. 下列关于杠杆原理的表述中，正确的有（   ）。

A. 经营杠杆的作用，使息税前利润的变动率大于业务量的变动率

B. 经营杠杆的作用，使息税前利润的降低率小于业务量的降低率

C. 财务杠杆的作用，使普通股每股利润的变动率大于息税前利润的变动率

D. 财务杠杆的作用，使普通股每股利润的降低率大于息税前利润的降低率

答案：AC

5. 在事先确定企业资金规模的前提下，增加一定比例的负债资金，对企业会产生一定的影响。下列各项结果中，可能产生的有（   ）。

A. 降低企业资本成本   B. 降低企业财务风险

C. 加大企业财务风险   D. 增强财务杠杆效应

答案：ACD

三、判断题（请判断每小题的表述是否正确，认为表述正确的，在后面的括号中画√；认为表述错误的，在后面括号中画×）

1. 资金成本是投资人对投入资金所要求的最低收益率，也可作为判断投资项目是否可行的取舍标准。   （   ）

答案：√

2. 超过筹资突破点筹集资金，只要维持现有的资本结构，其资金成本就不会增加。   （   ）

答案：×

3. 由于经营杠杆的作用，当息税前利润下降时，普通股每股收益会下降得更快。   （   ）

答案：×

4．财务杠杆系数是由企业资本结构决定的，即支付固定性资本成本的债务资本越多，财务杠杆系数越大。 （　）

答案：√

四、计算题（请写出计算步骤及答案）

1．A 企业拥有长期资金 400 万元，由长期借款与普通股构成，其产权比率为 25%。企业拟维持目前的资金结构募集新资金用于项目投资，随筹资额增加，各种资本成本的变化如下表所示。

资金种类	筹资范围	资金成本
长期借款	40 万元及以下	5%
	40 万元以上	10%
普通股	100 万元及以下	12%
	100 万元以上	14%

要求：

（1）计算各筹资突破点。

（2）计算与筹资突破点相应的各筹资范围的边际资本成本。

答案：

（1）借款资金成本为 5% 的筹资突破点：40/20%＝200（万元）

普通股资金成本为 12% 的筹资突破点：100/80%＝125（万元）

（2）筹资总额在 0～125 万元范围内

边际平均资金成本＝5%×0.2＋12%×0.8＝10.6%

筹资总额在 125 万元～200 万元范围内

边际平均资金成本＝5%×0.2＋14%×0.8＝12.2%

筹资总额在 200 万元以上

边际资金成本＝10%×0.2＋14%×0.8＝13.2%

2．某企业需筹集资金 6 000 万元，拟采用两种方式筹资。

（1）拟发行面值为 1 800 万元，票面利率为 10%，3 年期，每年付息一次的债券。预计发行价格为 2 000 万元，发行费率为 4%。假设该公司适用的所得税税率为 25。

（2）按面值发行普通股 4 000 万元，筹资费用率为 4%，预计第一年股利率为 12%，以后每年增长 5%。

要求：

（1）分别计算两种筹资方式的个别资本成本。

（2）计算新筹措资金的加权平均资本成本。

答案：

（1）$\dfrac{1800 \times 10\% \times (1-25\%)}{2000 \times (1-4\%)} = 7.03\%$

$$\frac{4000\times12\%}{4000\times(1-4\%)}+5\%=17.5\%$$

（2）$7.03\%\times\dfrac{2000}{6000}+17.5\%\times\dfrac{4000}{6000}=14.01\%$

3．A 公司拟添置一套市场价格为 6 000 万元的设备，需筹集一笔资金。现有 3 个筹资方案可供选择（假定各方案均不考虑筹资费用）。

（1）发行普通股。该公司普通股的 β 系数为 2，一年期国债利率为 4%，市场平均报酬率为 10%。

（2）发行债券。该债券期限为 10 年，票面利率为 8%，按面值发行。公司适用的所得税税率为 25%。

（3）融资租赁。该项租赁租期为 6 年，每年租金为 1 400 万元，期满租赁资产残值为 0。

要求：

（1）利用资本资产定价模型计算普通股资本成本。

（2）利用非折现模式（即一般模式）计算债券资本成本。

（3）利用折现模式计算融资租赁资本成本。

（4）根据以上计算结果，为 A 公司选择筹资方案。

答案：

（1）普通股资本成本＝4%＋2×（10%－4%）＝16%

（2）债券资本成本＝8%×（1－25%）＝6%

（3）6 000＝1 400×（P/A，i，6）

（P/A，i，6）＝6 000/1 400＝4.2857

因为（P/A，10%，6）＝4.3553

（P/A，12%，6）＝4.1114

所以：（12%－i）/（12%－10%）＝（4.1114－4.2857）/（4.1114－4.3553）

解得：i＝10.57%

（4）因为发行债券的资本成本最低，所以应选择发行债券。

4．某企业产品单价是 100 元/件，单位变动成本为 50 元/件，固定成本为 300 万元。2009 年销售量为 100 000 件。2010 年在其他条件不变的情况下，销售量增加至 110 000 件。

要求：

（1）计算该企业 2010 年的经营杠杆系数。

（2）如果该企业预计 2011 年销售量将增长 5%，则息税前利润的增长率预计是多少。

答案：

（1）DOL＝550/250＝2.2

（2）5%×2.2＝11%

5．某公司目前发行在外普通股 100 万股（每股 1 元），已发行 8% 利率的债券 500 万元，该公司打算为一个新的投资项目融资 500 万元，现有两个方案可供选择：方案 A 按 10% 的利率发行债券；方案 B 按每股 20 元发行新股。预计新项目投产后公司每年息税前利润增加到 250 万元；公司适用所得税税率为 25%。

要求：

（1）计算 A 方案下的 EPS。

（2）计算 B 方案下的 EPS。

（3）判断应该选择哪个方案融资。

答案：

（1）EPS_A＝（250－500×8%－500×10%）（1－25%）/100=1.2 元/股

（2）EPS_B＝（250－500×8%）（1－25%）/（100+500/20）=1.26 元/股

（3）因为 EPS_B 大于 EPS_A，所以应该选择方案 B。

6. 华阳公司目前发行在外的普通股 200 万股（每股面值 1 元），已发行的债券 800 万元，票面年利率为 10%。该公司拟为新项目筹资 1 000 万元，新项目投产后，公司每年息税前，利润将增加到 400 万元。现有两个方案可供选择。方案一：按 10%的年利率发行债券；方案二：按每股 20 元发行普通股。假设公司适用的所得税税率为 25%。

要求：

（1）计算两个方案每股利润无差别点的息税前利润。

（2）为该公司分析选择筹资方案。

答案：

（1）$$\frac{(EBIT-80-100)(1-25\%)}{2000}=\frac{(EBIT-80)(1-25\%)}{200+\dfrac{1000}{20}}$$

解得：$EBIT$=580

（2）通过 EBIT-EPS 分析图可知，应采用方案二筹集资金。

7. B 公司为一上市公司，适用的企业所得税税率为 25%，相关资料如下。

资料一：2008 年 12 月 31 日发行在外的普通股 10 000 万股（每股面值 1 元），公司债券为 24 000 万元（该债券发行于 2006 年年初，期限 5 年，每年年末付息一次，利息率为 5%），该年息税前利润为 5 000 万元。假定全年没有发生其他应付息债务。

资料二：B 公司打算在 2009 年为一个新投资项目筹资 10 000 万元，该项目当年建成并投产。预计该项目投产后公司每年息税前利润会增加 1 000 万元。现有甲乙两个方案可供选择，其中：甲方案为增发利息率为 6%的公司债券；乙方案为增发 2 000 万股普通股。假定各方案的筹资费用均为 0，且均在 2009 年 1 月 1 日发行完毕。部分预测数据如表 6-1 所示。

表 6-1　　　　　　　　　　　　甲乙方案增资后相关数据预测表

项目	甲方案	乙方案
增资后息税前利润（万元）	6000	6000
增资前利息（万元）	*	1200
新增利息（万元）	600	*
增资后利息（万元）	(A)	*

项目	甲方案	乙方案
增资后税前利润（万元）	*	4800
增资后税后利润（万元）	*	3600
增资后普通股股数（万股）	*	*
增资后每股收益（元）	0.315	(B)

说明：表 6-1 中"*"表示省略的数据。

要求：

（1）根据资料一计算 B 公司 2009 年的财务杠杆系数。

（2）确定表中用字母表示的数值（不需要列示计算过程）。

（3）计算甲乙两个方案的每股收益无差别点息税前利润。

（4）用 EBIT-EPS 分析法判断应采取哪个方案，并说明理由。

答案：

（1）2009 年的财务杠杆系数=2008 年的息税前利润/（2008 年的息税前利润－2008 年的利息费用）=5 000/(5 000－1 200)=1.32

（2）A=1800，B=0.30

注：A=10 000×6%+24 000×5%=1 800

B=3600/(10 000+2 000)=3 600/12 000=0.30

（3）设甲乙两个方案的每股收益无差别点息税前利润为 W 万元，则：

$(W－1\ 800)×(1－25\%)÷10\ 000$

$=(W－1\ 200)×(1－25\%)÷(10\ 000+2\ 000)$

化简得：$(W－1\ 800)÷10\ 000=(W－1\ 200)÷12\ 000$

解得：$W=(12\ 000×1\ 800－10\ 000×1\ 200)÷(12\ 000－10\ 000)=4\ 800$（万元）

（4）由于筹资后的息税前利润为 6 000 万元，高于 4 800 万元，所以，应该采取发行债券的筹资方案，理由是这个方案的每股收益高。

【拓展实训】

一、实训目的

了解并掌握最优资本结构的含义，掌握资本结构决策的基本方法，把握财务杠杆的基本原理，了解资本结构对企业盈利能力的影响。

二、实训类型

案例型实训

三、实训内容

案例分析：韩国大宇集团资本结构的神话

韩国第二大企业集团大宇集团 1999 年 11 月 1 日向新闻界正式宣布，该集团董事长金宇中以及

14 名下属公司的总经理决定辞职，以表示"对大宇的债务危机负责，并为推行结构调整创造条件"。韩国媒体认为，这意味着"大宇集团解体进程已经完成"，"大宇集团已经消失"。

大宇集团于 1967 年开始奠基立厂，其创办人金宇中当时是一名纺织品推销员。经过 30 年的发展，通过政府的政策支持、银行的信贷支持和在海内外的大力购并，大宇成为直逼韩国最大企业——现代集团的庞大商业帝国：1998 年底，总资产高达 640 亿美元，营业额占韩国 GDP 的 5%；业务涉及贸易、汽车、电子、通用设备、重型机械、化纤、造船等众多行业；国内所属企业曾多达 41 家，海外公司数量创下过 600 家的记录，鼎盛时期，海外雇员多达几十万，大宇成为国际知名品牌。大宇是"章鱼足式"扩张模式的积极推行者，认为企业规模越大，就越能立于不败之地，即所谓的"大马不死"。据报道，1993 年金宇中提出"世界化经营"战略时，大宇在海外的企业只有 15 家，而到 1998 年底已增至 600 多家，"等于每 3 天增加一个企业"。还有更让韩国人为大宇着迷的是：在韩国陷入金融危机的 1997 年，大宇不仅没有被危机困倒，反而在国内的集团排名中由第 4 位上升到第 2 位，金宇中本人也被美国《幸福》杂志评为亚洲风云人物。

1997 年年底，韩国发生金融危机后，其他企业集团都开始收缩，但大宇仍然我行我素，结果债务越背越重。尤其是 1998 年初，韩国政府提出"五大企业集团进行自律结构调整"方针后，其他集团把结构调整的重点放在改善财务结构方面，努力减轻债务负担。大宇却认为，只要提高开工率，增加销售额和出口就能躲过这场危机。因此，它继续大量发行债券，进行"借贷式经营"。1998 年大宇发行的公司债券达 7 万亿韩元（约 58.33 亿美元）。1998 年第 4 季度，大宇的债务危机已初露端倪，在各方援助下才避过债务灾难。此后，在严峻的债务压力下，大梦方醒的大宇虽作出了种种努力，但为时已晚。1999 年 7 月中旬，大宇向韩国政府发出求救信号；7 月 27 日，大宇因"延迟重组"，被韩国 4 家债权银行接管；8 月 11 日，大宇在压力下屈服，割价出售两家财务出现问题的公司；8 月 16 日，大宇与债权人达成协议，在 1999 年年底前，将出售盈利最佳的大宇证券公司，以及大宇电器、大宇造船、大宇建筑公司等，大宇的汽车项目资产免遭处理。"8 月 16 日协议"的达成，表明大宇已处于破产清算前夕，遭遇"存"或"亡"的险境。由于在此后的几个月中，经营依然不善，资产负债率仍然居高，大宇最终不得不走向本文开头所述的那一幕。

大宇集团为什么会倒下？在其轰然坍塌的背后，存在的问题固然是多方面的，但不可否认有财务杠杆的消极作用在作怪。大宇集团在政府政策和银行信贷的支持下，走上了一条"举债经营"之路。试图通过大规模举债，达到大规模扩张的目的，最后实现"市场占有率至上"的目标。

1997 年亚洲金融危机爆发后，大宇集团已经显现出经营上的困难，其销售额和利润均不能达到预期目的，而与此同时，债权金融机构又开始收回短期贷款，政府也无力再给它更多支持。1998 年初，韩国政府提出"五大企业集团进行自律结构调整"方针后，其他集团把结构调整的重点放在改善财务结构方面，努力减轻债务负担。但大宇却认为，只要提高开工率，增加销售额和出口就能躲过这场危机。因此，它继续大量发行债券，进行"借贷式经营"。正由于经营上的不善，加上资金周转上的困难，韩国政府于 7 月 26 日下令债权银行接手对大宇集团进行结构调整，以加快这个负债累累的集团的解散速度。

由此可见，大宇集团的举债经营所产生的财务杠杆效应是消极的，不仅难于提高企业的盈利能力，反而因巨大的偿付压力使企业陷于难于自拔的财务困境。从根本上说，大宇集团的解散，是其财务杠杆消极作用影响的结果。

案例讨论：

1. 试对财务杠杆进行界定，并评价"财务杠杆效应是一把'双刃剑'"这句话。

2. 取得财务杠杆利益的前提条件是什么？

3. 何为最优资本结构？其衡量的标准是什么？

4. 提高企业每股收益的途径有哪些？

5. 我国资本市场上大批 ST、PT 上市公司以及大批靠国家政策和信贷支持发展起来而又债务累累的企业，从"大宇神话"中应汲取哪些教训？

第7章 项目投资决策

【理论指导】

一、项目投资概述

项目投资是一种以特定项目为对象，直接与新建项目或更新改造项目有关的长期投资行为。

（一）项目投资的特点

（1）投资金额大，项目投资一般需要较多的资金，其投资额往往是企业和投资人多年的资金积累。

（2）影响时间长，项目投资的资金一旦投入，回收时间长，在企业中发挥作用的时间也较长，对企业未来的生产经营活动会产生持续性的影响。

（3）变动能力差，项目投资一般无法在一年或一个营业周期内变现，而且即使在短期内出售变现，损失的价值也会较大。

（4）投资风险大，由于项目投资具有涉及的金额大、影响时间长且具有一旦投入，就难以变更的特点，必然造成其投资风险大于流动资产方面的投资。

（二）项目投资的类型

项目投资主要可以分为以新增生产能力为目的的新建项目和以恢复或改善生产能力为目的的更新改造项目两大类。

（三）项目计算期的构成

项目计算期：投资项目从投资建设开始到最终清理结束整个过程的全部时间，即项目的有效持续时间。

$$项目计算期=建设期+生产经营期$$

（四）项目投资决策程序

1. 项目投资的提出

项目一般由项目的提出者以报告的形式上报管理当局，以便他们研究和选择。管理当局会从各种投资方案中初步筛选、排队，同时结合企业的长期目标和具体情况，制定初步的投资计划。

2. 项目投资的可行性分析

制定初步投资计划后，企业需要组织专门人员或委托专业机构对项目进行可行性分析。

3. 项目投资的方案评价

企业决策者要综合技术人员、市场人员、财务人员的评价结果，集思广益，全面分析，最后做出是否采纳或采纳何种项目方案的决定。

4. 项目投资的实施

项目批准采纳后，要筹集资金并付诸实施。

二、项目投资现金流量的内容及计算

（一）项目现金流量的概念

1. 项目现金流量

投资项目在其项目计算期内各期现金流入和现金流出量的总称，它是进行项目投资评价时必须具备的基础性数据；具体可分为现金流入量（CI_t）、现金流出量（CO_t）和净现金流量（NCF_t）。

2. 项目净现金流量

项目各期现金流入量与现金流出量之差。

3. 注意事项理解项目净现金流应注意以下几点。

（1）考虑增量现金流量。

（2）现金流量而非会计利润。

（3）沉没成本。

（4）机会成本。

（二）项目现金流量的内容

1. 初始现金流量

（1）主要包括：购置新资产的支出、流动资金的投入和旧资产出售的净收入。

（2）方法：净现金流是流入量与流出量差额的原理。

2. 经营期净现金流量的估算

（1）主要包括：项目投资带来的经营收入的增量；项目投资带来的经营成本的增加（不含折旧、摊销），也称为付现成本；所得税的增加。

（2）方法

① 直接法：营业现金流量=营业收入-付现成本-所得税

② 间接法：营业现金流量=税后净利润+非付现成本

3. 终结点净现金流量的估算

（1）终结点是指经营期结束后的时点。

（2）需要考虑的特殊内容：处置或出售资产的变现价值；垫支流动资金回收。

三、项目投资评价方法及其应用

投资项目评价时使用的指标分为折现指标和非折现指标两大类。根据评价指标的类别，投资评价方法可分为折现评价法和非折现评价法两种。

（一）非折现评价方法

1. 含义

非折现评价方法是不考虑资金的时间价值，把不同时间的现金流量看成是等效的评价方法。

2. 静态投资回收期

（1）含义：项目经营带来的现金流入累积到与投资额相等所需要的时间。它代表收回投资所需要的年限，回收年限越短，方案越有利。

（2）计算公式：$\sum_{t=0}^{PP} NCF_t = 0$

其中 PP 为静态投资回收期。

回收期计算：回收期=累计净现金流量出现正数的年份-1+$\dfrac{\text{上年未收回的投资}}{\text{当年的现金净流入量}}$

每年现金流量相等时：回收期=$\dfrac{\text{原始总投资}}{\text{投产后每年相等的净现金流量}}$

3. 平均会计收益率法（AAR）

平均会计收益率是年平均净收益占投资额的百分比，该指标在计算时直接使用会计报表的数据。

（二）折现评价方法

1. 净现值法（NPV）

（1）净现值是指项目计算期内，各期净现金流量的复利现值之和。

（2）计算公式：$NPV = \sum_{t=0}^{n} NCF_t \times (P/F, i, t)$

（3）决策规则：在单一方案采纳与否的决策中，净现值为正者采纳，净现值为负者不采纳；在多个方案的优选决策中，应选用净现值最大者。

2. 现值指数法（PI）

（1）现值指数（PI）是未来现金流入现值与现金流出现值的比率，也称获利指数。

（2）计算公式：$PI = \dfrac{\sum\limits_{i=t+1}^{n} NCF_t \times (P/F, i.t)}{\left| \sum\limits_{i=0}^{t} NCF_t \times (P/F, i.t) \right|}$

（3）决策规则：在单一方案采纳与否的决策中，现值指数大于 1 采纳，现值指数小于 1 不采纳。

3. 内含报酬率法（IRR）

（1）内含报酬率是指能够使未来现金流入量现值等于未来现金流出量现值的贴现率，或者说是使投资项目净现值等于 0 的贴现率。

（2）计算公式：$NPV = \sum\limits_{t=0}^{n} NCF_t \times (P/F, IRR, t) = 0$ （年金法、逐步测试法）

（三）投资评价方法的应用

1. 独立投资项目的财务可行性评价

（1）完全具备财务可行性。

$NPV \geqslant 0$；$PI \geqslant 1$；$IRR \geqslant$ 设定的贴现率（投资必要报酬率）；$PP \leqslant$ 标准回收期；$AAR \geqslant$ 预期投资利润率。

（2）完全不具备财务可行性。

$NPV < 0$；$PI < 1$；$IRR <$ 设定的贴现率；$PP >$ 标准回收期；$AAR <$ 预期投资利润率。

2. 互斥项目方案的优选

互斥项目方案是指接受一个项目方案就必须放弃另一个项目方案。

（1）投资额不同，项目期相同的互斥方案的优选。如果只是项目方案的投资额不同，互斥项目方案应当以净现值法进行优选，即净现值高的方案为优。

（2）项目期不同的互斥方案的优选。进行互斥方案的优选可以采用等额年金法。比较所有投资方案的年等额净回收额指标，年等额净回收额大者为优。

四、

项目投资的评价风险与处置

（一）投资风险类型

1. 项目特有风险

特有风险是指项目本身的风险，它可以用项目预期收益率的波动性来衡量。

2. 公司风险

项目给公司带来的风险可以用项目对于公司未来现金流入不确定性的大小来衡量。

3. 项目的系统风险

项目的系统风险是指新项目给股东带来的风险。这里的股东是指投资于许多公司，其投资风险已被完全分散化的股东。从股东角度来看，唯一影响股东预期收益的是项目的系统风险。

（二）项目投资风险处置的一般方法

1. 调整现金流量法

调整现金流量法把不确定的现金流量调整为确定的现金流量，然后用无风险的收益率作为折现率计算项目净现值。

$$净现值 = \sum_{t=0}^{n} \frac{a_t \times 现金流量预期值}{(1+无风险收益率)^t}$$

2. 风险调整折现率法

风险调整折现率法的基本思路是对高风险项目采用较高的折现率计算净现值。

$$净现值 = \sum_{t=0}^{n} \frac{现金流量预期值}{(1+风险调整折现率)^t}$$

（三）项目特有风险的评价与分析

项目的特有风险是指实际报酬与预期报酬的偏离程度。

1. 决策树分析

决策树分析是指决策人员根据影响项目净现值的各因素变化情况，把一系列项目投资的可能结果按树枝分布状列出，从而产生不同的项目现金流量组合，并以此进行投资分析。

2. 敏感性分析

投资项目的敏感性分析，是在假定其他变量不变的情况下，测定某一个变量发生变化时对净现值的影响。

3. 情景分析

情景分析是一种变异的敏感性分析。情景分析与敏感分析的区别是，它允许多个变量同时变动，而不是假设一个变量改变其他因素不变。

【能力训练】

一、单项选择题（每小题备选答案中，只有一个符合题意的正确答案）

1. 运用下列投资决策评价指标进行评价时，数值越小越好的是（　　）。

　　A. 净现值　　　　B. 获利指数　　　　C. 投资回收期　　　　D. 内部报酬率

　　答案：C

2. 下列各项中，最适合原始投资额不同，特别是项目计算期不同的多方案比较决策时采用的评价方法是（　　）。

　　A. 获利指数法　　　B. 内部收益率法　　C. 年等额净回收额法　　D. 差额投资内部收益率法

　　答案：C

3. 某投资项目贴现率为15%时，净现值为500，贴现率为18%时，净现值为-480，则该项目的内含报酬率是（　　）。

    A. 19.5%　　　　　　B. 22.5%　　　　　　C. 16.53%　　　　　　D. 16.125%

    答案：C

4. 某公司拟进行一项固定资产投资决策，设定折现率为10%，有4个方案可供选择。其中甲方案的净现值率为-12%；乙方案的内部收益率为9%；丙方案的项目计算期为10年，净现值为960万元，(P/A，10%，10)=6.1446；丁方案的项目计算期为11年，年等额净回收额为136.23万元。上述投资方案中最优的是（　　）。

    A. 甲方案　　　　　　B. 乙方案　　　　　　C. 丙方案　　　　　　D. 丁方案

    答案：C

5. 下列关于风险调整现金流量法基本思路的表述中，正确的是（　　）。

    A. 计算一个投资项目的风险投资收益率

    B. 采用不同的折现率计算一个投资项目的净现值

    C. 用一个系数将有风险的折现率调整为无风险的折现率

    D. 用一个系数将有风险的现金流量调整为无风险的现金流量

    答案：D

二、多项选择题（每小题备选答案中，有两个或两个以上符合题意的正确答案）

1. 下列关于净现值法优点的表述中，正确的有（　　）。

    A. 考虑了资金时间价值　　　　　　B. 可以从动态上反映项目的收益率

    C. 考虑了投资风险　　　　　　D. 考虑了项目计算期的全部净现金流量

    答案：ACD

2. 下列各项中，属于评价投资项目时采用的折现指标有（　　）。

    A. 净现值　　　　B. 会计收益率　　　　C. 回收期　　　　D. 内涵报酬率

    答案：AD

3. 已知甲、乙两个互斥方案的原始投资额相同，如果决策结论是：无论从何种角度看甲方案优于乙方案，则下列表述中，正确的有（　　）。

    A. 甲方案的净现值大于乙方案

    B. 甲方案的净现值率大于乙方案

    C. 甲方案的投资回收期小于乙方案

    D. 两个方案的差额投资内含报酬率大于设定的折现率

    答案：ABCD

4. 以下各项中，属于对项目投资内部报酬率产生影响的因素有（　　）。

    A. 投资项目的项目期　　　　　　B. 投资项目的原始投资

    C. 投资项目的现金流量　　　　　　D. 投资项目的行业基准折现率

    答案：ABC

5. 下列各项中，属于项目投资的现金流入项目的有（　　）。

   A. 营业收入　　　　　　　　　B. 回收垫支的流动资金

   C. 建设投资　　　　　　　　　D. 固定资产残值净收入

   答案：ABD

6. 下列关于内含报酬率的表述中，正确的有（　　）。

   A. 投资报酬与总投资的比率　　B. 项目投资实际可望达到的报酬率

   C. 使投资方案净现值为 0 的贴现率　D. 投资报酬现值与总投资现值的比率

   答案：BC

三、判断题（请判断每小题的表述是否正确，认为表述正确的，在后面的括号中画√；认为表述错误的，在后面括号中画×）

1. 当某方案的净现值大于 0 时,其内含报酬率一定大于设定折现率。（　　）

   答案：√

2. 在投资项目可行性研究中，应首先进行财务可行性评价，再进行技术可行性分析。（　　）

   答案：×

3. 在评价投资方案可行性时，如果静态投资回收期与净现值的评价结论发生矛盾，应当以净现值指标的结论为准。（　　）

   答案：√

4. 对一个独立项目进行评价时，净现值、内含报酬率和获利指数可能会得出不同的结论。（　　）

   答案：×

5. 投资项目的敏感性分析，是假定其他变量不变的情况下，测定某一个变量发生变化时对净现值的影响。（　　）

   答案：√

四、计算题（请写出计算步骤及答案）

1. 某企业拟建设一项生产设备，预计建设期为 1 年，所需原始投资 202 万元于建设起点一次投入。该设备预计使用寿命为 5 年，5 年期满设备残值收入为 2 万元，该设备采用直线法计提折旧。该设备投产后每年营业收入为 120 万元，付现成本为 60 万元。所得税率为 25%,预计投资报酬率为 10%。

要求：

（1）计算各年的净现金流量。

（2）请用净现值法对上述方案进行分析评价。

答案：

（1）年折旧额=（202-2）/5=40（万元）

建设期净现金流量：NCF_0=-202（万元）；NCF_1=0

经营期净现金流量=[120-（60+40）]×（1-25%）+40=55（万元）

终结净现金流量=2（万元）

（2）该项目净现值=-202+0+55[(P/A,10%,6)-(P/A,10%,1)]+2(P/F,10%,6)

$$=-202+55×3.446+20.565=-200+189.53+1.13=-9.34（万元）$$

因为该项目的净现值小于 0，所以该项目不具备财务可行性。

2. 某企业准备进行一项固定资产投资，该项目每年的现金流量情况如下表所示。

单位：万元

年份（t） 现金流量	0	1	2	3	4	5	合计
净现金流量	-2 000	100	1 000	（A）	1 000	1 000	2 900
累计净现金流量	-2 000	-1 900	（B）	900	1 900	2 900	—
折现净现金流量	-2 000	94.3	890	1 512	792	747	—

要求：

（1）计算上表中用英文字母表示的数值。

（2）计算该项目的投资回收期。

（3）计算该项目的净现值和获利指数。

答案：

（1）3 100 +A－2 000 =2 900

   $A=4 900－3 100=1 800$

   $B=1 000－1 900=-900$

（2）投资回收期$=2+\dfrac{（2 000-100-1 000）}{1800}=2.5$ 年

（3）$NPV=（97.3+890+1512 +792 +747）-2000=2035.3$

   $PI=\dfrac{（194.3+890+1 512 +792 +747）}{2 000}=\dfrac{4035.3}{2000}$

   $=2.02$

3. 某企业拟进行一项固定资产项目投资，该项目的净现金流量如下表所示。

单位：万元

年份（t） 现金流量	建设期		经 营 期					合 计
	0	1	2	3	4	5	6	
NCF	-1 000	-1 000	100	1 000	（B）	1 000	1 000	2 900
累计净现金流量	-1 000	-2 000	-1 900	（A）	900	1 900	2 900	
净现金流量现值	-1 000	-943.4	89	839.6	1425.8	747.3	705	

要求：

（1）计算上表中用英文字母表示的项目的数值。

（2）计算下列指标。

① 投资回收期。

② 计算净现值，并评价项目可行性。

答案：

（1）$A=1 000-1 900=-900$（万元）　　$B=900-（-900）=1 800$（万元）

（2）投资回收期=3+900/1 800=3.5 年

净现值=（−1 000）+（−943.4）+89+839.6+1425.8+747.3+705=1 863.3（万元）

根据净现值指标大于 0，可以判断该项目可行。

4. 为了提高生产效率，某企业拟对尚可使用 5 年的设备进行更新改造，新旧设备的替换将在当年完成（即更新设备的建设期为 0），不涉及流动资金的投资，直线法计提折旧，所得税率为 40%，公司资本成本为 10% 。新旧设备的资料如下。

新设备资料：购置成本为 60 000 元，估计使用年限为 5 年，期满残值为 10 000 元，每年收入 80 000 元，每年付现成本 40 000 元。

旧设备资料：原始购置成本为 40 000 元，已经使用 5 年，已提折旧 20 000 元，期满无残值。如果现在出售该设备，则可得价款 20 000 元。使用该设备每年收入 50 000 元，每年付现成本为 30 000 元。

要求：通过差额投资内含报酬率指标分析公司是否应更新设备。

答案：

（1）计算初始现金流量的差量 ΔNCF_0。

ΔNCF_0=−（60 000−20 000）

   =40 000（元）

（2）计算经营现金净流量的差量 ΔNCF_{1-4}。

ΔNCF_{1-4}=Δ 收入×（1−40%）−Δ 付现成本×（1−40%）+Δ 折旧×40%

   =（80 000−50 000）×（1−40%）−（40 000−30 000）×（1−40%）+（10 000−40 000）×40%

   =14 400（元）

（3）计算终结点现金净流量的差量 ΔNCF_5。

ΔNCF_5=14 400+Δ 残值

   =14 400+（10 000−0）

   =24 400（元）

（4）计算差量现金流量的差额投资内含报酬率 ΔIRR。

ΔNPV=14 400×（P/A，ΔIRR，4）+24 400×（P/F，ΔIRR，5）−40 000=0

当贴现率为 24%时，ΔNPV=2944.76（元）

当贴现率为 28%时，ΔNPV=−629.2（元）

所以，ΔIRR 在 24%和 28%之间，采用差值法求解。

$$\frac{\Delta IRR-24\%}{28\%-24\%}=\frac{0-2944.76}{-629.2-2944.76}$$

ΔIRR=27.3%

因为差额投资内含报酬率 27.3%大于公司的资本成本 10%，所以公司应该更新设备。

5. 某企业拟新建一条产品生产线，有以下两个项目方案备选。

方案一：需固定资产投资 100 万元，全部在建设起点投入。该生产线当年建设当年投产，预计可使用 8 年，项目结束时有残值 20 万元。投产后每年可获净利润 15 万元。

方案二：需固定资产投资 100 万元，全部在建设起点投入，建设期一年，另在投产日需流动资金投资 10 万元，在终结点收回；该生产线投产后，预计可使用 9 年，清理时无残值。投产后每年可获利润 20 万元。

该企业要求的投资收益率是 8%，固定资产从投产年度开始按直线法计提折旧。

要求：

（1）计算方案一的项目净现金流量、净现值、年等额净回收额。

（2）计算方案二的项目净现金流量、净现值、年等额净回收额。

（3）请用年等额净回收额法判断应选用的项目方案。

答案：

（1）方案一：$NCF_0=-100$、$NCF_{1-7}=-25$、$NCF_8=45$

$NPV=54.47$

$NA=9.48$

（2）方案二：$NCF_0=-100$、$NCF_1=-10$、$NCF_{2-9}=31.1$、$NCF_{10}=41.1$

$NPV=75.26$

$NA=11.21$

根据两个方案的年等额净回收额，应该选择方案二。

6. 宏光公司欲投资一小型太阳能发电设备的生产，经过财务部门的相关调研和预测，该投资项目的建设期为 2 年，在建设期初设备资金为 100 万元，在第二年年初投入设备资金 50 万元，在建设期末投入流动资金周转 50 万元。项目投产后，经营期为 8 年，每年可增加销售 384 万元，经营成本为 192 万元。设备采用直线折旧法，期末有 8% 的净残值。企业所得税率为 33%，现资金成本率为 18%。

要求：

（1）计算该投资项目每年的固定资产折旧额。

（2）计算分析项目计算期内每年的净现金流量。

（3）计算项目的净现值并分析该投资项目是否可行。

（4）计算项目的年等额净回收额。

（5）如果宏光公司财务经理认为，公司资金成本相对较高，欲尽量降低企业的资金成本，那么对该项目的投资决策是否会产生影响，试分析阐述企业资金成本与投资项目净现值的关系。

答案：

（1）固定资产原值=1 500 000（元）

固定资产残值=1 500 000×8%=120 000（元）

固定资产折旧=（1 500 000-120 000）/8=172 500（元）

（2）$NCF_0=-1\ 000\ 000$ 元

$NCF_1=-5\ 000\ 00$ 元

$NCF_2=-500\ 000$ 元

$NCF_{3-9}=[32\,000\times（120-60）-172\,500]\times（1-33\%）+172\,500=1\,343\,325$（元）

$NCF_{10}=1\,343\,325+（500\,000+120\,000）=1\,963\,325$（元）

（3）$NPV=1\,343\,325\times[（P/A，18\%，9）-（P/A，18\%，2）]+1\,963\,325\times（P/F，18\%，10）$

$-[1\,000\,000+500\,000（P/A，18\%，2）]$

$\qquad=1\,343\,325\times（4.3030-1.5656）+1\,963\,325\times0.6944-（1\,000\,000+500\,000\times1.5656）$

$\qquad=2\,269\,175.60$（元）

因为 $NPV=2\,269\,175.60$ 元，大于 0，所以可以进行该项目的投资。

（4）年等额净回收额=$2\,269\,175.60/（P/A，18\%，10）=504\,923.25$ 元

（5）资金成本的降低对项目投资决策有影响，因为项目净现值的计算，以资金成本作为基准折现率，折现率高，净现值就小；相反折现率低，净现值就大。

【拓展实训】

一、实训目的

了解并掌握项目投资决策的方法，掌握项目投资决策时需要考虑的因素，结合评价指标和各项因素对投资项目做出财务评价。

二、实训类型

验证型实训。

三、实训内容

康乐食品机械厂项目投资方案的决策

2012 年 11 月，在康乐食品机械有限责任公司行政办公楼的会议室里，总经理召集多部门人员开会。会议议题是关于在 2013 年年初是否投资生产一种商用轻型多功能煎烤机。

这种新产品可以通过调整内部结构和温度，用于制作面包、蛋糕、各种烤串、挂炉烤鸭等，由于体积小、适用性强、单价相对较低，适合规模小的经营户使用。公司已经在 2012 年的 8~9 月委托一家广告公司做了市场调查，40%被调查的个体经营户表示了购买的兴趣。公司为这份调查花费了 5 万元。调查结果增强了管理层投资该项目的兴趣，于是要求销售部、设计部、生产部、财务部门协作，对该产品项目进行可行性分析。现在各部门都搜集预测了相关数据，于是就有了这次讨论会议。

销售部门认为：这种产品投产后，第一年首先在省内销售，预计销售 500 台，每台单价 5 000 元，预计销售收入为 250 万元；第二年通过电子商务平台和发展外省经销商等手段，开展全国销售，预计第二年销售 1 000 台，销售额为 500 万元；预计第三年销售量最大，达到 3 000 台，销售额达到 1 500 万元。此后两年，预计可以维持 1 000 万元的年销售额。5 年过后产品可能面临转型或退出市场，不再做销售预测。

设计部门认为：生产这种新型产品，技术方面不存在障碍，当年就可以投产。公司须购置专用设备一台，购置款为 200 万元，因为是专用设备，可转让性差，预计 5 年后残值仅 1 万元。

生产部门提交了生产新型产品的预计材料消耗量、人工工时量、机器工时量、电力消耗量等数据。

财务部门根据生产部门提交的预计材料消耗量、人工工时量等数据，测算出产品材料费为 1 000 元/台、人工费为 500 元/台、制造费用为 600 元/台；固定资产折旧方法使用直线法；预计投产还需要垫付 25 万元的流动资金；所得税率为 25%；根据公司目前贷款利率和股东股利率，公司的投资收益率不低于 10%。财务部门综合以上信息，做出了项目成本、利润、净现金流、净现值的测算工作，形成了如表 7-1～表 7-3 所示的各项预测数据表，提交给总经理及各部门讨论。

表 7-1　　　　　　　　　　　　　　　　　投资项目各期成本测算表

年份	生产量（台）	材料费（万元）	人工费（万元）	制造费用不含折旧（万元）	折旧费（万元）
2013	500	50	25	30	19.8
2014	1000	100	50	60	19.8
2015	3000	300	150	180	19.8
2016	2000	200	100	120	19.8
2017	2000	200	100	120	19.8

表 7-2　　　　　　　　　　　　　　　　　投资项目各期营业现金流测算表

年份	2013	2014	2015	2016	2017
销售收入（万元）	250	500	1500	1000	1000
材料费（万元）	50	100	300	200	200
人工费（万元）	25	50	150	100	100
制造费用不含折旧（万元）	30	60	180	120	120
折旧费（万元）	39.8	39.8	39.8	39.8	39.8
营业利润（万元）	105.2	250.2	830.2	540.2	540.2
净利润（万元）	78.9	187.65	622.65	405.15	405.15
营业现金流（万元）	118.7	227.45	662.45	444.95	444.95

表 7-3　　　　　　　　　　　　　　　　　投资项目净现值测算表

单位：万元

期间	0	1	2	3	4	5
初始投资	−200					
流动资金垫支	−25					
营业现金流		118.7	227.45	662.45	444.95	444.95
设备残值回收						1
流动资金回收						25
现金流合计	−225	118.7	227.45	662.45	444.95	470.95
净现值（i=10%）			￥872.50			

按照财务部门的测算，该项投资的净现值为 8 724 996.24 元，因此具有财务可行性。总经理请各部门人员再发表一些补充意见，大家又进行了一番讨论。

销售经理提出：如果此种新产品面世，会对企业目前一种中型煎烤机产品的销售带来不利影响，两种产品的顾客存在一定重叠，因此每年中型煎烤机销售收入至少会减少100万元，请财务部门注意。

生产部门的代表也提出了另外一个想法：生产新产品除了需要购置新设备外，还将利用企业闲置的厂房和生产设备。这些产能如果不用于新产品生产，可以对外出租。根据他的了解，预计可以获得200万元的收入。设计部门也认同这个看法。

总经理听了各部门的意见后，提出了几个问题：第一，流动资金一直是在企业内部循环的，这个项目需要的25万元的流动资金，是不是一定要考虑在项目的投资额当中；第二，销售部门的销售预测是否准确，能不能在预测时多考虑几种情况，以更好地评估投资的风险；第三，如果投资这个项目，企业可能要借款，那么利息费用是否应该包含在项目的成本费用当中。

最后总经理要求财务经理将各部门的意见汇总，重新对该项投资做出评估。

四、实训要求

1. 市场调研费用5万元是否应该包括在项目的现金流计算范围之内？请说明理由。

2. 项目所需流动资金25万元是否应该包括在项目的现金流计算范围之内？请说明理由。

3. 新产品销售对中型煎烤机销售的影响是否应考虑在新项目的现金流中，为什么？

4. 新项目如果采用负债融资，利息支出是否应包含在项目的现金流量之内？

5. 新项目对现有闲置生产设备和厂房的利用，是否应考虑相应的现金流量？

6. 综合考虑以上各因素，重新编制项目流量测算表、计算净现值并评估投资的可行性。

7. 针对总经理提出的"在预测时多考虑几种情况，以更好评估投资风险"的想法，你可以提出什么建议或方法。

【理论指导】

一、证券投资概述

（一）证券投资的含义

1. **证券的含义与特征**

（1）含义：证券是用以证明或设定权利所做成的书面凭证，它表明证券持有人或第三者有权取得该证券拥有的特定权益。

（2）特征：证券具有法律特征和书面特征。从法律特征看，证券反映的是某种法律行为的结果，其本身必须具有合法性；从书面特征看，证券必须采用书面形式或与书面形式具有同等效力的其他形式，并且必须按照特定的格式进行书写制作，载明有关法规规定的全部必要事项。

2. **证券的种类**

（1）证券按其性质，分为凭证证券和有价证券。凭证证券是指本身不能使持有人或第三者取得一定收入的证券，如借据、收据等；有价证券是指有票金额，证明持券人有权按期取得一定收入并可自由转让的所有权或债券凭证，如股票、债券等。

（2）证券按其发行主体，分为政府证券、金融证券和公司证券 3 种。政府证券是指中央政府或地方政府为筹集资金而发行的证券；金融证券是指银行或其他金融机构为筹措资金而发行的证券；公司证券又称企业证券，是指工商企业为筹集资金而发行的证券。

（3）证券按权益关系，分为所有权证券和债券证券两种。所有权证券是指证券的持有人便是证券发行单位所有者的证券，这种证券持有人一般对发行单位都有一定的管理权和控制权；债权证券是指证券的持有人是发行单位债权人的证券，这种证券持有人一般无权对发行单位进行管理和控制。

（4）证券按收益的决定因素，分为原生证券和衍生证券两类。原生证券是指证券收益的大小取决于发行者财务状况的证券。衍生证券是从原生证券演化而来，其收益取决于原生证券的价格。

（5）证券按收益稳定状况，分为固定收益证券和变动收益证券；按到期日分为短期证券和长期证券；按是否在证券交易所挂牌交易分为上市证券和非上市证券；按募集方式分为公募证券和私募证券。

3. 证券投资的含义与特点

（1）含义：有价证券投资是企业或个人买卖股票、债券、基金等有价证券或有价证券的衍生产品，借以获得收益的行为和过程。

（2）特点：流动性强、价值不稳定、交易成本低。

（二）证券投资的种类与目的

1. 证券投资的种类

（1）债券投资：指企业购买债券以取得资金收益的一种投资活动。

（2）股票投资：指企业将资金投向股票，通过股票的买卖获取收益的投资行为。

（3）基金投资：指企业通过购买投资基金股份或受益凭证来获取收益的投资方式。

（4）期货投资：指企业通过买卖期货合约规避价格风险或赚取利润的一种投资方式。

（5）期权投资：指为了实现赢利目的或避免风险而进行期权买卖的一种投资方式。

（6）证券组合投资：指企业将资金同时投资于多种证券。

2. 证券投资的目的

暂时存放闲置资金、与筹集长期资金相配合、满足未来的财务需求、满足季节性经营对现金的需求、获得相关企业的控制权。

（三）影响证券投资的因素分析

1. 宏观经济因素

（1）经济形势的变化情况分析。

（2）国家经济政策的导向及 GDP 分析。

（3）通货膨胀分析。

（4）货币供给量分析。

2. 证券市场的行业分析

（1）行业生命周期对股价的影响。

（2）政府行业政策对股价的影响。

3. 企业经营和企业管理情况分析

赢利能力分析、经营增长能力分析、偿债能力分析、资产质量状况分析、非财务指标因素。

二、债券投资

（一）债券投资风险

债券投资风险主要包括以下几个方面。

（1）违约风险：指借款人无法按约定期限支付债券本息的风险。

（2）利率风险：指由于利率的变动引起债券持有者收益下降的风险。

（3）购买力风险：指由于通货膨胀使货币购买力下降，从而使投资者蒙受经济损失的风险。

（4）流动性风险：指投资者需要货币资金时，不能及时将所持有的债券转让变现的风险。

（5）期限风险：指证券期限长而给投资者带来的风险。

（二）债券的评估

1. 债券价值

债券价值=利息的现值+面值的现值

2. 债券价值的计算

债券价值的计算有以下几种形式。

（1）分期付息，到期还本债券价值的计算。

$V=M \cdot i \cdot (P/A, k, n)+M \cdot (P/F, k, n)$（$V$ 为债券价值；M 为债券面值；i 为票面利率；n 为债券期数；k 为市场利率）

（2）一次还本付息且不计复利的债券价值计算

$V=M(1+i \cdot n) \cdot (P/F, k, n)$（$V$ 为债券价值；M 为债券面值；i 为票面利率；n 为债券期数；k 为市场利率）

（3）零票面利率债券价值计算

$V=M \cdot (P/F, k, n)$（V 为债券价值；M 为债券面值；n 为债券期数；k 为市场利率)

（三）债券的收益率

（1）债券的投资收益包含两个方面的内容：一是债券的年利息收入；二是资本损益。衡量债券收益水平的尺度为债券收益率，即在一定时期内所得收益与投入本金的比率。债券收益率的具体形式有票面利息率、直接收益率、持有期间收益率和到期收益率等多种形式。

（2）票面利息率：固定票面利息收入与票面本金的比率。

（3）直接受益率。计算公式为

$$直接收益率=\frac{票面面额×票面利率}{实际购买债券价格}×100\%$$

（4）持有收益率：如果购入债券后，持有一定时期，在债券到期偿还前将债券卖出，得到的收益率就是持有益率。

计算公式为：$$分期付息债券持有收益率=\frac{债券年利息+（卖出价-买入价）÷持有年限}{债券买入价}×100\%$$

$$到期一次还本付息债券持有收益率=\frac{（卖出价-买入价）÷持有年限}{债券买入价}×100\%$$

（5）到期收益率：债券发行认购日起至最终到期偿还日为止，投资者获得的收益率。

$$到期收益率=\frac{（到期收回的本利和-认购价格）\div 偿还年限}{认购价格}\times 100\%$$

$$=\frac{年利息+（面值-认购价格）\div 偿还年限}{认购价格}\times 100\%$$

（四）债券投资的优缺点

1. 债券投资的优点

（1）本金安全性高，政府发行的债券由国家财力做后盾，其本金的安全性非常高，通常被视为无风险证券。企业债券的持有者拥有优先求偿权，即当企业破产时，优先于股东分得企业的资产，因此，其本金损失的可能性较小。

（2）收入稳定性强，债券票面一般都标有固定利息率，债券的发行人有按时支付利息的法定义务。因此，在正常情况下，投资于债券都能获得比较稳定的收入，且利率高时也颇为可观。

（3）市场流动性好，政府及大型企业发行的债券一般都可在金融市场上迅速出售，流动性很好，可以自由流通；不一定要到期才能还本，随时可以到次级市场变现。

2. 债券投资的缺点

（1）购买力风险较大，债券的面值和利息率在发行时就已确定，如果投资期间的通货膨胀率比较高，则本金和利息的购买力将不同程度地受到侵蚀。在通货膨胀率非常高时，投资者虽然名义上有收益，但实际上却有损失，因此，其对抗通货膨胀的能力比较差。

（2）没有经营管理权，投资于债券只是获得收益的一种手段，无权对债券发行单位施以影响和控制。

三、股票投资

（一）股票投资的风险

（1）股市价格风险，由于股市上大部分股票同方向变化而引起可能的资本损失。

（2）利率风险，股票的利率风险与债券利率风险的影响机制不同，金融市场上利率上升，会导致资金撤出证券市场，转存入银行，结果股票价格下降；反之则股票价格上涨。

（3）购买力风险，股票投资的购买力风险与债券投资的购买力风险相同，都是因通货膨胀而导致的风险。

（4）公司风险，由于被投资公司收益能力的变动而造成投资者的资本损失或收益损失。

（5）财务风险，由于发行公司资本结构的变动导致发行公司收益的不确定性，企业只有在全部资金利润率大于负债利息率的条件下，扩大负债才能提高普通股每股收益。一旦全部资金利润率小于负债利息率，其结果就是降低普通股每股收益，从而导致股票市场价格下降，对投资者造成资本损失。

（二）股票的估价

（1）短期持有、未来准备出售的股票估价模型，计算公式为

$$V = \sum_{t=1}^{n} \frac{d_t}{(1+K)^t} + \frac{V_n}{(1+K)^n}$$

V 为股票的内在价值；V_n 为未来出售时预计的股票价格；K 为投资人要求的必要资金收益率；d_t 为第 t 期的预期股利；n 为预计持有股票的期数。

（2）长期持有、股利稳定不变的股票估价模型，计算公式为

$$V = \frac{D}{K}$$

V 为股票的内在价值；D 为每年固定股利；K 为投资人要求的必要资金收益率。

（3）长期持有、股利固定增长的股票估价模型，估算公式为

$$V = \frac{D_0(1+g)}{K-g} = \frac{D_1}{K-g}$$

V 为股票的内在价值；D_1 是预期年股利额；K 为投资人要求的必要资金收益率；g 为股利固定增长率。

（三）股票投资的收益率

股票投资的收益是指投资者从购入股票开始到出售股票为止的整个持有期间的收入。

1. 本期收益率

本期收益率是指股份公司以现金派发股利与本期股票价格的比率。其计算公式为

$$本期收益率 = \frac{年现金股利}{本期股票价格} \times 100\%$$

2. 持有收益率

持有收益率是指投资者购买股票并持有一定时期后又卖出该股票，投资者在持有期间获得的收益率计算公式为

$$持有收益率 = \frac{年现金股利 + (卖出价 - 买入价) \div 持有年限}{买入价} \times 100\%$$

如果投资者持有股票超过 1 年，需考虑资金时间价值。其持有收益率计算公式为

$$V = \sum_{t=1}^{n} \frac{D_t}{(1+i)^t} + \frac{F}{(1+i)^n}$$

V 为股票的购买价格；F 为股票的出售价格；D_t 为某年的现金股利；n 为持有期数；i 为持有收益率。

（四）股票投资的优缺点

1. 股票投资的优点

（1）能够获得较高的投资收益。

（2）能适当降低购买力风险。

（3）流动性很强。

（4）拥有一定的经营控制权。

2. 股票投资的缺点

（1）求偿权居后。

（2）股票价格不稳定。

（3）股利收入不稳定。

四、基金投资

1. 证券投资基金概述

证券投资基金是一种实行组合投资、专业管理、利益共享、风险共担的集合投资方式。

2. 证券投资基金的特点

集合投资、分散风险、专业理财。

（一）证券投资基金的分类

（1）证券投资基金根据募集方式不同，可分为公募基金和私募基金。

（2）证券投资基金根据能否在证券交易所挂牌交易，可分为上市基金和非上市基金。

（3）证券投资基金根据运作方式不同，可分为封闭式证券投资基金和开放式证券投资基金。

（4）证券投资基金根据组织形式不同，可分为公司型证券投资基金和契约型证券投资基金。

（二）基金投资的优缺点

1. 基金投资的优点

（1）投资基金具有专家理财优势。

（2）投资基金具有资金规模优势。

2. 基金投资的缺点

（1）无法获得很高的投资收益。

（2）在大盘整体大幅度下跌的情况下，进行基金投资也可能会损失较多，投资人需要承担较大风险。

（3）基金投资于何种证券是由基金托管人代为选择的，个人的操作性比较弱。

【能力训练】

一、单项选择题（每小题备选答案中，只有一个符合题意的正确答案）

1. 某公司发行的股票，预期报酬率为 20%，最近支付的股利为每股 2 元，估计股利年增长率为

10%，则该种股票的价格是（   ）。

    A．10 元   B．18 元   C．20 元   D．22 元

    答案：D

2．某公司拟发行面值为 1 000 元，不计复利，5 年后一次还本付息，票面利率为 8%的债券。已知发行时金融市场的年利率为 10%，则该公司债券的发行价格是（   ）。

    A．1000 元   B．1030 元   C．869.26 元   D．928.07 元

    答案：C

3．某股票为固定成长股，其成长率为 3%，预期第一年后的股利为 4 元，假定目前国库券收益率为 13%，平均风险股票必要收益率为 18%，而该股票的 β 系数为 1.2，那么该股票的价格是（   ）。

    A．20 元   B．22 元   C．23 元   D．25 元

    答案：D

4．基金发起人在设立基金时，规定了基金单位的发行总额，筹集到这个总额后，基金即宣告成立，在一定时期内不再接受新投资。下列各项中，符合上述基金名称的是（   ）。

    A．契约式基金   B．公司型基金   C．封闭式基金   D．开放式基金

    答案：C

5．下列各项中，属于在证券投资时因通货膨胀带来的风险是（   ）。

    A．违约风险   B．利息率风险   C．购买力风险   D．流动性风险

    答案：C

二、多项选择题（每小题备选答案中，有两个或两个以上符合题意的正确答案）

1．下列关于债券价值的表述中，正确的有（   ）。

    A．当市场利率上升时，债券价值下降

    B．债券价值的高低受到利息支付方式的影响

    C．一般而言，在其他条件不变的前提下，债券期限越短，其价值越高

    D．对于分期付息的债券，当期限接近到期日时，债券的价值向面值回归

    答案：ABCD

2．下列各项中，属于影响债券价值的因素有（   ）。

    A．债券面值   B．票面利率   C．市场利率   D．债券期限

    答案：ABCD

3．与债券投资相比，股票投资具有自身的特点。下列属于股票投资特点的有（   ）。

    A．风险大   B．收益率低   C．价格波动大   D．收益稳定性差

    答案：ACD

4．按照发行主体的不同，证券可以分为不同的类别。下列属于该类别的有（   ）。

    A．政府证券   B．金融证券   C．公司证券   D．私募证券

    答案：ABC

5. 下列各项中，属于证券投资主要风险来源的有（　　　）。

A. 经营风险　　　　B. 财务风险　　　　C. 流动风险　　　　D. 违约风险

答案：ABCD

三、判断题（请判断每小题的表述是否正确，认为表述正确的，在后面的括号中画√；认为表述错误的，在后面括号中画×）

1. 短期债券投资的目的是合理利用闲置资金，调节现金余额，获得收益。　　　（　　）

答案：√

2. 一般而言，银行利率下降，则证券价格上升，证券到期时间越长，债的利率风险越大。

（　　）

答案：√

3. 如果不考虑影响股价的其他因素，股利恒定的股票价值与投资人要求的必要报酬率成反比，与预期股利成正比。　　　（　　）

答案：√

4. 公募基金，是指以公开发行方式向社会公众投资者募集基金资金并以证券为投资对象的证券投资基金。　　　（　　）

答案：√

5. 股票投资的收益是指投资者从购入股票开始到出售股票为止整个持有期间的收入。（　　）

答案：√

四、计算题（请写出计算步骤及答案）

1. 投资者准备长期投资 A 公司股票，预计投资后第一年获得的股利为每股 1.2 元，股利年增长率为 6%；已知市场上所有股票的平均收益率为 8%，无风险收益率 2%。A 公司股票的 β 系数是 1.2。

要求：

（1）计算投资 A 公司股票的预期收益率。

（2）计算 A 公司股票的价值。

答案：

（1）A 公司股票的预期收益率=2%+1.2（8%-2%）=9.2%

（2）A 公司股票的价值=1.2/（9.2%-6%）=37.5（元）

2. 某企业计划利用一笔长期资金投资购买股票。现有 M 公司股票和 N 公司股票可供选择，该企业只准备投资一家公司股票。已知 M 公司股票现行市价为每股 9 元，上年每股股利为 0.15 元，预计以后每年以 6%的增长率增长。N 公司股票现行市价为 7 元，上年每股股利为 0.6 元，股利分配政策将一贯坚持固定股利政策，甲企业所要求的投资的必要报酬率为 8%。

要求：

（1）利用股票股价模型，分别计算 M、N 公司的股票价值。

（2）为企业做投资决策。

答案：

（1）M 公司的股票价值 $= \dfrac{0.15 \times (1+6\%)}{8\%-6\%} = 7.95$

N 公司的股票价值 $= \dfrac{0.6}{8\%} = 7.5$

（2）结论：N 公司股票现行市价低于价值，值得投资。

3．某公司的普通股现在年股利是 6 元，估计年增长率为 6%。一位投资者准备购买该公司股票，他的期望收益率为 12%，打算持有两年后转让，预计转让价格可以达到 30 元。要求：计算该股票的价值。

答案：

（1）未来两年该公司股利及其现值计算如下表所示。

t	第 t 期的预期股利	第 t 期的预期股利的现值
1	6×(1+6%)=6.36	6.36×(P/F,12%,1)=5.68
2	6.3×(1+6%)=6.7	6.74×(P/F,12%,2)=5.37
合计	—	11.05

（2）两年后出售价格 30 元的现值为：

$$V_2 = 30 \times (P/F, 12\%, 2) = 23.91$$

（3）该公司股票的价值为：

$$V = 11.05 + 23.91 = 34.96$$

4．某公司拟发行一种面值为 1 000 元，票面年利率为 9%，期限为 5 年的债券。假设当前市场利率为 10%。

要求：

（1）如果该债券一次还本付息且不计复利，该债券的价值是多少？

（2）如果该债券每年末支付利息一次，到期还本，则该债券的价值是多少？

答案：

（1）$V = 1000 \times (1+9\% \times 5) \times (P/F, 10\%, 5) = 900.305$（元）

（2）$V = 1000 \times (P/F, 10\%, 5) + 1000 \times 9\% \times ((P/A, 10\%, 5) = 962.072$（元）

【拓展实训】

一、实训目的

了解并掌握分散投资风险、进行证券投资组合决策的思路和方法。

二、实训类型

讨论型实训。

三、实训内容

丰华公司是一家大型商业企业，主业是经营连锁超市，在华南和西南开设有 30 多家连锁卖场。由于卖场选址较好，因此销售情况一直不错，现金流充裕，各家门店每年均有一定盈利。但是近年来超市竞争激烈，公司尽管在卖场布置、促销活动方面想出了很多办法，但是 2012 年仍然出现了利润率下降、经济效益下滑的现象；部分门店虽然销售增长，但租金涨幅过大，出现了亏损。2013 年 6 月初，公司领导召开会议，商讨在超市业务利润率下滑的情况下，应该采取什么措施提高公司的盈利水平。总经理认为，公司的优势在于现金流量比较充沛，应该充分利用这一资源，开展对外投资，提高收益。他的提议得到了参会者的赞同。因此，他指令财务经理做好投资计划，并提出几点要求：一是投资的预期收益率不能低于公司目前资金的利润率，即大于等于 5%；二是要注意控制投资风险，不能为了追求高收益，使得公司承担过高风险；三是要注意资金的流动性要求，因为公司尽管现金流充裕，但定期要给供应商结算货款，对投资的变现能力要求较高。他批准的首批对外投资资金是 1 000 万元。

财务经理根据总经理的指示，认真考虑，他认为流动性较好的投资应该是证券投资。于是，财务经理委托一家投资机构给予投资建议，投资机构在 6 月底向财务经理推荐了如下几个证券投资品种。

（1）2013 年 7 月 10 日将发行 2013 年第五期电子式储蓄国债，为固定利率、固定期限品种。国债期限 3 年，票面年利率为 5%，按年付息，每年 7 月 10 日支付利息，于 2016 年 7 月 10 日偿还本金并支付最后一年利息，流动性较好。

（2）08 金地债（2008 年金地股份有限公司发行的企业债）。2008 年 3 月 10 日发行，发行价 100 元，期限 8 年，票面利率为 5.5%，每年付息一次。当前市场价格为 100.8 元，流动性较好。

（3）宁沪高速股票（代码 600377）。2013 年 6 月 28 日收盘价为 5.39 元/股，公司总股本为 50.4 亿股。江苏宁沪高速公路股份有限公司是我国高速公路行业中资产规模最大的上市公司之一，主营高速公路的管理及养护业，公司目前经营管理的高速公路是国内最繁忙的高速公路之一。拥有的资产除沪宁高速公路外，还拥有宁沪二级公路江苏段、锡澄高速公路、广靖高速公路。公司经营稳健，业绩良好，每年均向股东现金分红，近三年的分红额均为每 10 股派现 3.6 元。可能存在的问题是公司成长性不强。公司近 5 年主要财务数据参看表 8-1。

表 8-1　　宁沪高速（600377）2008 年—2012 年度主要财务指标

财务指标及年份	2012	2011	2010	2009	2008
基本每股收益(元)	0.4632	0.4823	0.4932	0.399	0.308
每股净资产(元)	3.7098	3.6	3.49	3.33	3.17
营业收入(元)	78.0 亿	74.0 亿	67.6 亿	57.4 亿	52.8 亿
归属股东净利润(元)	23.3 亿	24.3 亿	24.8 亿	20.1 亿	15.5 亿
营业收入增长率(%)	5.33	9.55	17.68	8.8	-0.62
净利润增长率(%)	-3.97	-2.2	23.54	29.41	-2.92
净资产收益率(%)	12.99	13.96	14.81	12	10.03

数据来源：根据东方财富网数据整理

（4）格力电器股票（代码 000651）。2013 年 6 月 28 日收盘价为 25.06 元/股，公司总股本为 30.1 亿股。珠海格力电器股份有限公司是目前国内生产规模最大的空调生产基地，也是世界上单产规模最大的专业化空调企业，公司获得中国品牌研究院授予的"中国空调行业标志性品牌"称号；获得国家质检总局和中国名牌战略推进委员会授予的"中国世界名牌"称号，成为中国空调行业第一个、也是唯一一个世界名牌。公司尽管处于传统行业，但具有行业领先优势，净利润增长率较高，近 5 年净资产收益率均高于 30%，有利于股东财富快速增长。公司近 5 年均有现金分红，2012 年度分红额达到每 10 股派现 10 元。公司近 5 年主要财务数据参看表 8-2。

表 8-2　　　　　　格力电器（000651）2008 年—2012 年度主要财务指标

财务指标及年份	2012	2011	2010	2009	2008
基本每股收益（元）	2.47	1.86	1.52	1.55	1.68
每股净资产（元）	8.8911	6.25	4.72	5.31	5.97
营业收入（元）	993 亿	832 亿	604 亿	426 亿	422 亿
归属股东净利润（元）	73.8 亿	52.4 亿	42.8 亿	29.1 亿	21.0 亿
营业收入增长率（%）	19.43	37.6	41.73	1.04	10.93
净利润增长率（%）	40.92	22.48	46.76	38.55	65.6
净资产收益率（%）	31.38	34	36.51	33.48	32.13

数据来源：根据东方财富网数据整理

（5）汤臣倍健股票（代码 300146）。汤臣倍健股份有限公司成立于 2005 年 4 月，经营业务是研发、生产和销售保健食品。汤臣倍健是国内著名的保健品品牌之一，姚明是其形象代言人。公司股票于 2010 年 12 月上市，总股本为 3.28 亿股。2013 年 6 月 28 日收盘价为 43.99 元/股。国内保健品市场前景广阔，公司在国内市场具有很高的知名度。公司成长性好，营业收入和净利润均呈现高速增长。值得注意的是，公司 2010 年上市后，由于股东权益大幅增加，净资产收益率下降较快。公司近 5 年主要财务数据参看表 8-3。

表 8-3　　　　　　汤臣倍健（000651）2008 年—2012 年度主要财务指标

财务指标及年份	2012	2011	2010	2009	2008
基本每股收益（元）	1.28	1.7	2.25	1.45	0.89
每股净资产（元）	8.8109	16.06	29.71	2.61	1.41
营业收入（元）	10.7 亿	6.58 亿	3.46 亿	2.05 亿	1.42 亿
归属股东净利润（元）	2.80 亿	1.86 亿	9211 万	5217 万	2671 万
营业收入增长率（%）	62.12	90.12	68.58	44.72	112.2
净利润增长率（%）	50.38	102.41	76.54	95.37	120.22
净资产收益率（%）	15.45	11.06	60.18	69.42	82.94

数据来源：根据东方财富网数据整理

财务经理拿到了这份证券投资品种介绍后，又进入了沉思：1 000 万元的资金应该投向哪些证券品种？他要在 3 天内做出判断，写出投资建议，在 7 月初的经理会议上供决策参考。

四、实训要求

（1）2013 年半年报披露，2013 年 1～6 月宁沪高速、格力电器、汤臣倍健的每股收益分别为 0.2849 元/股、1.33 元/股和 0.71 元/股，请根据案例中 3 个公司的股价，测算三只股票的市盈率，分析市盈率指标反映了什么。

（2）评价三只股票投资的主要风险因素。

（3）丰华公司为了获得理想的投资收益率，同时控制好投资风险，应该如何进行投资组合，请帮财务经理进行设计。

（4）综合上述问题，撰写实训报告。

【理论指导】

一、营运资本概述

1. 营运资本的含义

营运资本（working capital）是企业经营过程中用于日常运营周转的资金。

2. 营运资本的特点

（1）流动性强，流动资产相对固定资产等长期资产来说，具有较强的变现能力，这对于增强企业偿债能力，降低企业财务风险具有重要意义。

（2）回收期短，企业占用在流动资产上的资金一般在一年或一个营业周期内收回，资金周转速度快，对企业影响的时间短。

（3）收益性差，相比固定资产，流动资产的盈利性较弱，如果企业持有过多的流动资产，必将影响整个企业的盈利能力。

二、现金管理

这里所说的现金，是指广义上的现金，包括企业的库存现金、各种形式的银行存款和银行本票、银行汇票等。

（一）现金的持有动机与成本

1. 现金的持有动机

（1）交易性需要，是指企业持有现金以便满足日常业务支付的需要。

（2）预防性需要，是指企业持有现金以防意外情况发生的支付需要。

（3）投机性需要，是指企业持有现金用于不寻常购买机会的支付需要。

2. 持有现金的成本

（1）机会成本，是企业因保留现金余额而丧失的进行有价证券投资所产生的收益。

（2）管理成本，企业持有现金会发生一定的管理费用，如管理人员薪酬及必要的安全防范措施费用。

（3）转换成本，是指企业买卖有价证券付出的交易费用，即现金和有价证券相互转换的成本，包括委托买卖佣金、手续费、印花税等。

（4）短缺成本，是指因现金持有量不足，又无法通过有价证券变现及时补充而给企业造成的损失，包括停工待料损失以及不能及时支付而蒙受的信誉损失。

（二）最佳现金持有量的确定

1. 鲍莫尔模型（Baumol Model）

其基本原理是将现金的持有成本与有价证券的转换成本结合起来进行权衡，以求得两者总成本最低时的现金余额，从而得出最佳现金持有量。

现金持有量和现金相关总成本的函数关系如下。

$$TC=\frac{N}{2}i+\frac{T}{2}b$$

TC 为相关总成本，b 为现金与有价证券的单次转换成本，T 为特定时期内现金需求总量，N 为最佳现金持有量，i 为短期有价证券利息率。

此时最佳现金持有量：$N=\sqrt{\dfrac{2Tb}{i}}$

2. 米勒奥尔模型（随机模型）

企业可以根据历史经验和现实需要，测算出一个现金持有量的控制范围，即规定现金持有量的上限和下限，并将现金持有量控制在上下限之内。

交易成本和机会成本之和最小的 R 值和 H 值分别为

$$R=\sqrt[3]{3b\delta^2\div 4i}+L，H=3R-2L$$

其中，R 表示最优现金返回线；δ 表示现金余额波动程度；L 表示最低现金余额；H 表示最高现金余额。

（三）现金的日常管理

现金日常管理主要包括以下几个方面。

（1）网上银行，银行利用互联网技术，通过互联网向客户提供开户、销户、查询、对账、行内转账、跨行转账、信贷等服务项目，它不受时间、空间限制，能够在任何时间、任何地点以及任何方式为客户提供金融服务。

（2）合理使用现金"浮游量"。现金浮游量是指企业账户上的银行存款余额小于银行账户上所显示的存款余额的差额。企业账簿上的现金数字往往并不能代表企业在银行中的可用现金。

（3）推迟支付，在不影响企业商业信用的前提下，企业应当尽量利用供货方所提供的信用优惠，推迟应付账款的支付时间，尽量在信用期的最后一天付款，这样企业可以最大限度地推迟现金支付，而又不丧失现金折扣。

三、应收账款管理

（一）应收账款的功能和成本

1. 应收账款的功能

应收账款的功能是指它在公司经营活动中的作用。其功能主要有以下两个方面：

（1）增加销售。

在市场竞争日益激烈的情况下，赊销作为一种重要的促销手段，有利于在销售商品的同时扩大公司的市场占有率。

（2）减少存货。

当公司产成品存货较多时，通过赊销，可以把存货转化为应收账款，节省存货所需的管理费、仓储费和保险费等支出。

2. 应收账款的成本

应收账款的成本主要包括以下几点。

（1）机会成本。

计算应收账款的机会成本可以采用下面的方法：

应收账款机会成本=应收账款占用资金×短期投资收益率（或资金成本率）

应收账款占用资金=应收账款平均余额×变动成本率

应收账款平均余额=一定期间赊销额/一定期间应收账款周转率

（2）管理成本。应收账款的管理成本主要有：调查客户信用情况的费用；催收和组织收账的费用；账簿的记录费用等。

（3）坏账成本。坏账成本是指因不能收回应收账款而发生的坏账损失。发生坏账的原因主要是客户破产、解散、财务状况恶化或拖欠时间较长等。一般来说，应收账款数额越大，拖欠时间越长，发生坏账成本的可能性也就越大。

（二）应收账款信用政策

1. 信用标准

（1）信用标准是指客户获得企业的信用交易所应具备的条件，通常用客户的信用分数或预计坏账损失率来表示。

（2）为了预防和控制信用风险，企业必须对每一个提出赊购的客户进行信用评估。

（3）信用风险评估方法。

① 5C 评估法。该方法中的"5C"是指：品德（character）、能力（capacity）、资本（capital）、抵押（collateral）和条件（conditions）。

② 信用评分法。该方法是先对一系列财务比率和信用情况指标进行评分，然后按照一定的权重进行加权平均，得出客户综合的信用分数，并以此进行信用评估的一种方法。

2. 信用条件

所谓信用条件，就是指企业接受客户信用订单时所提出的付款要求。

（1）信用期限决策。

信用期限是指企业允许客户从购货到支付货款的最长时间限定。企业是否给客户延长信用期限，应视延长信用期限增加的收入是否大于增加的成本而定。

（2）现金折扣和折扣期限决策。

如果加速收款带来的机会成本和坏账成本的减少能够绰绰有余地补偿现金折扣成本的增加，企业就可以采取现金折扣或进一步改变当前的折扣条件；如果加速收款带来的机会成本和坏账成本的减少不能补偿现金折扣成本的增加，则现金折扣优惠条件被认为是不恰当的。

3. 收账政策

制定收账政策就是要在增加收账费用与减少坏账损失、减少应收账款机会成本之间权衡，若前者小于后者，则说明制定的收账政策是可取的。

（三）应收账款的日常管理

1. 应收账款追踪分析

一般来说，客户赊购了产品，能否按期偿还货款，主要取决于以下 3 个因素。

（1）客户的信用品质。

（2）客户的财务状况。

（3）客户是否可以实现该产品的价值转换或增值。

2. 应收账款账龄分析

应收账款的账龄分析是指企业在某一时间点，将各笔应收账款按照开票日期进行归类（即确定账龄），并计算出各账龄应收账款的余额占总余额的比重。也必须做好应收账款的账龄分析，密切注意应收账款的回收进度和出现的变化。

四、 存货管理

（一）存货的功能和成本

1. 存货的功能

防止停工待料、适应市场变化、降低进货成本、维持均衡生产。

2. 与存货有关的成本

（1）取得成本。

取得成本是指为取得某种存货而支出的成本，通常用 TC_a 来表示，其中又分为订货成本和购置成本。

① 订货成本。订货成本是指取得存货订单的成本，如办公费、差旅费、邮资、电报、电话费等支出。订货成本$=F_1+\dfrac{D}{Q}K$，其中，F_1 表示固定订货成本；D 表示年需求量；Q 表示经济批量；K 表示每次订货的变动成本

② 购置成本。购置成本是指存货本身的价格，通常用数量与单价的乘积来确定。当存货采购总量一定，价格保持不变，并且无数量折扣时，存货的购置成本是稳定的；若存货购置有数量折扣，则必须考虑订购批量变动时购置成本的变动。通常单价用 U 来表示，于是购置成本为 D_U。

（2）储存成本。

储存成本是指为储存存货而发生的成本，分为固定储存成本和变动储存成本。

储存成本=固定储存成本+变动储存成本

即 $TC_c=F_2+\dfrac{Q}{2}K_c$，其中，TC 表示储存成本；F_2 表示固定储存成本；K_c 表示单位存货的变动储存成本

（3）缺货成本。

缺货成本是指由于存货供应中断而造成的损失。通常用 TC_s 来表示，包括材料供应中断造成的停工损失、产成品库存缺货造成的拖欠发货损失、丧失销售机会的损失和企业信誉损失等。如果生产企业以紧急采购代用材料解决库存材料中断之急，那么缺货成本表现为紧急额外购入材料而超过正常开支的成本。

（4）总成本。

企业持有一定数量的存货必然会发生各种成本，存货的总成本应为上述 3 种主要的成本之和，总成本用 TC 表示。它的计算公式为：

$$TC=TC_a+TC_c+TC_s=F_1+\dfrac{D}{Q}K+DU+F_2+\dfrac{D}{2}K_c+TC_s$$

（二）经济批量模型及其扩展

1. 经济订货批量模型

存货经济订货批量是在给定存货的预计用量、单位订货成本和储存成本的条件下，确定能使存货的相关总成本达到最低的一次采购数量。

经济订货批量 $Q^*=\sqrt{\dfrac{2KD}{K_c}}$

2. 订货点控制

实际工作中，为了保证生产和销售的正常进行，工业企业必须在材料用完之前订货，商业企业必须在商品售完之前订货。所谓订货点，是指再次订货的时间，通常以提出订货时的库存量 R 来表示：$R=d\times L$

其中，d 表示存货每日正常耗用量，L 表示到货时间。

（三）存货其他控制方法

（1）ABC 分类管理法：通过对存货进行 ABC 分类，可以使企业分清存货主次，采取不同的策略进行有效的管理、控制。

（2）零库存管理：通过实施特定的管理控制策略，实现库存量的最小化。

【能力训练】

一、单项选择题（每小题备选答案中，只有一个符合题意的正确答案）

1. 在确定最佳现金持有量时，下列各项中属于成本分析模式和存货模式均需要考虑的因素是（　　）。

　　A. 现金短缺成本　　　　　　　　　B. 现金保管费用

　　C. 持有现金的机会成本　　　　　　D. 固定性的转换成本

　　答案：C

2. 下列各项现金成本中，与现金持有量成正比关系的是（　　）。

　　A. 现金机会成本　　　　　　　　　B. 现金转换成本

　　C. 现金管理成本　　　　　　　　　D. 现金短缺成本

　　答案：A

3. 下列各项中，属于企业在现金管理时可利用的现金浮游量的是（　　）。

　　A. 企业账户所记企业存款余额　　　B. 银行账户所记企业存款余额

　　C. 企业账户与银行账户所记存款余额之差　　D. 企业实际现金余额超过最佳现金持有量之差

　　答案：C

4. 下列对客户信用风险评估的"5C"评估法中资本的描述中，正确的是（　　）。

　　A. 影响顾客付款能力的经济环境

　　B. 企业流动资产的数量、质量以及与流动负债的比例

　　C. 顾客拒付款项或无力支付款项时能被用作抵押的资产

　　D. 顾客的经济实力和财务状况，是顾客偿付债务的最终保证

　　答案：D

5. 下列对信用期的表述中，正确的是（　　）。

　　A. 延迟信用期，将会减少销售收入

　　B. 信用期延长，预计收账成本越低

　　C. 信用期限越长，坏账发生的可能性越小

　　D. 信用期限越长，表明客户享受的信用条件越优惠

　　答案：D

6. 下列各项中，不属于存货经济批量基本模型所依据的假设是（　　）。

　　A. 允许缺货　　　　　　　　　　　B. 存货价格稳定

C. 存货集中到货   D. 一定时期的存货需求量能够确定

答案：A

二、多项选择题（每小题备选答案中，有两个或两个以上符合题意的正确答案）

1. 下列关于企业持有现金原因的表述中，正确的有（   ）。

    A. 交易性需要   B. 预防性需要   C. 投机性需要   D. 收益性需要

答案：ABC

2. 信用条件是指企业要求客户支付赊销款的条件。下列各项中，属于信用条件的有（   ）。

    A. 信用期限   B. 折扣期限   C. 现金折扣   D. 坏账损失

答案：ABC

3. 以下各项中，属于应收账款的成本有（   ）。

    A. 机会成本   B. 管理成本   C. 转换成本   D. 坏账成本

答案：ABD

4. 下列各项中，使放弃现金折扣的成本提高的情况有（   ）。

    A. 信用期、折扣期不变，现金折扣率提高   B. 折扣期、现金折扣率不变，信用期延长

    C. 现金折扣率、信用期不变，折扣期延长   D. 现金折扣率不变，信用期和折扣期等量延长

答案：AC

三、判断题（请判断每小题的表述是否正确，认为表述正确的，在后面的括号中画√；认为表述错误的，在后面括号中画×）

1. 企业采用严格的信用标准，虽然会增加应收账款的机会成本，但能扩大商品销售额，从而给企业带来更多的收益。   （   ）

答案：×

2. 在计算经济订货批量时，如果考虑订货提前期，则应在按经济订货量基本模型计算出订货批量的基础上，再加上订货提前期天数与每日存货消耗量的乘积，才能求出符合实际的最佳订货批量。

    （   ）

答案：×

3. 在随机模型下，当现金余额在最高控制线最低控制线之间波动时，表明企业现金持有量处于合理区域，无需调整。   （   ）

答案：√

4. 存货的 ABC 分类管理法是将企业的存货按其金额、品种数量标准划分为 A、B、C 三类，然后根据重要性分别对待。   （   ）

答案：√

5. 即使在实际中许多企业对大批量采购会在价格上给予一定的优惠，但与存货相关的总成本只包括订货成本、储存成本和购置成本。   （   ）

答案：×

四、计算题（请写出计算步骤及答案）

1. C 公司是一家冰箱生产企业，全年需要压缩机 36 万台，均衡耗用。全年生产时间为 360 天，每次的订货费用为 160 元，每台压缩机持有费率为 80 元，每台压缩机的进价为 900 元。根据经验，压缩机从发出订单到进入可使用状态一般需要 5 天，保险储备量为 2 000 台。

要求：

（1）计算经济订货批量。

（2）计算全年最佳订货次数。

（3）计算最低存货成本。

（4）计算再订货点。

答案：

（1）经济定货批量=$\sqrt{2 \times 360\,000 \times 160 / 80} = 1200$（台）

（2）全年最佳定货次数=360 000/1200=300（次）

（3）最低存货成本=1 200/2×80+300×160=96 000（元）

或=$\sqrt{2 \times 360\,000 \times 160 \times 80} = 96\,000$

（4）再定货点=预计交货期内的需求+保险储备=5×(360 000/360)+2 000=7 000（台）

2. 某企业甲材料的年需要量为 4 000 千克，每千克标准价为 20 元。销售企业规定：客户每批购买量不足 1 000 千克的，按照标准价格计算；每批购买量为 1 000 千克以上的价格优惠 2%；已知每批进货费用为 60 元，单位材料的年储存成本为 3 元。

要求：

（1）计算按经济进货批量基本模式确定的经济进货批量及相关总成本。

（2）如果考虑数量折扣，则最佳经济进货批量为多少？

答案：

$\sqrt{\dfrac{2 \times 4000 \times 60}{3}} = 400$（千克）

存货相关总成本=$4000 \times 20 + \dfrac{4000}{400} \times 60 + \dfrac{400}{2} \times 3 = 81\,200$（元）

每次进货 1 000 千克时的存货相关总成本：

存货相关总成本=$4\,000 \times 20 \times (1-20\%) + \dfrac{4000}{1000} \times 60 + \dfrac{1000}{2} \times 3 = 80\,140$（元）

因为 80 140 小于 81 200，所以最佳经济批量为 1 000（千克）

3. 公司是一家制造类企业，产品的变动成本率为 60%，一直采用赊销方式销售产品，信用条件为 N/60。如果继续采用 N/60 的信用条件，预计 2011 年赊销收入净额为 1 000 万元，坏账损失为 20 万元，收账费用为 12 万元。为扩大产品的销售量，B 公司拟将信用条件变更为 N/90。在其他条件不变的情况下，预计 2011 年赊销收入净额为 1 100 万元，坏账损失为 25 万元，收账费用为 15 万元。假定等风险投资最低报酬率为 10%，一年按 360 天计算，所有客户均于信用期满付款。

要求：

（1）计算信用条件改变后，B 公司收益的增加额。

（2）计算信用条件改变后，B 公司应收账款成本增加额。

（3）为 B 公司做出是否应改变信用条件的决策并说明理由。

答案：

（1）收益增加＝(1 100-1 000)×(1-60%)＝40（万元）

（2）应收账款成本增加额＝(1 100/360×90-1 000/360×60)×60%×10%＝6.5（万元）

（3）税前损益增加额＝40-6.5-(25-20)-(15-12)＝25.5（万元）

结论：由于税前损益增加额大于 0，所以，应该改变信用条件。

4．某企业只生产销售一种产品，每年赊销额为 240 万元，该企业产品变动成本率为 80%，资金成本率为 25%，企业现有 A、B 两种收账政策可供选用。有关资料如下表所示。

项目	A 政策	B 政策
平均收账期（天）	60	45
坏账损失率（%）	3	2
应收账款平均余额（万元）		
收账成本	×××	×××
应收账款机会成本（万元）		
坏账损失（万元）		
年收账费用（万元）	1.8	3.2
收账成本合计		

要求

（1）计算列表中的空白部分（一年按 360 天计算）。

（2）对上述收账政策进行决策。

答案：

（1）

项目	A 政策	B 政策
平均收账期（天）	60	45
坏账损失率（%）	3	2
应收账款平均余额（万元）	240×60/360=40	240×45/360=30
收账成本	×××	×××
应收账款机会成本（万元）	40×80%×25%=8	30×80%×35%=6
坏账损失（万元）	240×3%=7.2	240×2%=4.8
年收账费用（万元）	1.8	3.2
收账成本合计	8+7.2+1.8=17	6+4.8+3.2=14

（2）计算表明，B 政策的收账成本较 A 政策低，故应选用 B 政策。

5．某企业甲材料的年需要量为 4 000 千克，每千克单价为 20 元。已知每批进货费用为 60 元，单位材料的年储存成本为 3 元。

要求：

（1）按照基本经济进货批量模式确定经济进货批量。

（2）计算按经济进货批量进货时的存货相关总成本。

答案：

（1）按经济进货批量基本模式确定的经济进货批量为

$Q = \sqrt{2 \times 4000 \times 60 / 3} = 400$（千克）

（2）每次进货 400 千克时的存货相关总成本为：

存货相关总成本＝4000÷400×60＋400÷2×3＝1200（元）

6. 某公司预计的年度赊销收入为 6 000 万元，其变动成本率为 65%，资金成本率为 8%，目前的信用条件为 N/60，信用成本为 500 万元。公司准备改变信用政策，改变后的信用条件是（2/10，1/20，n/60），预计信用政策改变不会影响赊销规模，改变后预计收账费用为 70 万元，坏账损失率为 4%。预计占赊销额 70% 的客户会利用 2% 的现金折扣，占赊销额 10% 的客户利用 1% 的现金折扣。一年按 360 天计算。

要求：

（1）计算：①改变信用政策后年赊销净额；②信用成本前收益；③平均收账期；④应收账款平均余额；⑤维持赊销业务所需要的资金；⑥应收账款机会成本；⑦信用成本后收益。

（2）通过计算判断是否应该改变信用政策。

答案：

（1）现金折扣＝6000×（70%×2%＋10%×1%）＝90（万元）

年赊销净额＝6000-90＝5910（万元）

信用成本前收益＝6000（1－65%）－90＝2010（万元）

平均收账期＝10×70%＋20×10%＋60×20%＝21 天

应收账款平均余额＝6000÷360×21＝350（万元）

维持赊销业务所需要的资金＝350×65%＝227.5（万元）

机会成本＝227.5×8%＝18.2（万元）

信用成本合计＝18.2＋70＋6 000×4%＝328.2

信用成本后收益＝2010－328.2＝1681.8（万元）

（2）原信用条件下，信用成本前收益＝6000（1－65%）＝2 100（万元）；

信用成本后收益＝2100－500＝1 600（万元），小于改变信用政策后的收益，因此，应该改变信用政策。

【拓展实训】

一、实训目的

了解并掌握营运资本管理的特点、方法，并理解不同企业营运资本管理方式的差异性。

二、实训类型

验证性实训。

三、实训内容

贝迪公司营运资本管理案例

一、公司简介

贝迪公司于 1914 年在美国威斯康星洲成立。公司于 1984 年在纳斯达克股票交易所上市，1999 年迁移到纽约交易所上市，上市代码为 BRC。

贝迪公司的核心竞争力是其制造业、精密工程与专业材料制作技术，由此形成了公司的主要领域：产品维护、修理和改进（简称 MRO）和原始设备制造（OEM），产品达 5 万多种。MRO 领域提供的主要产品有涂层材料、工业标志、安全标志及特种胶带，并为工业、商业、通信、政府部门、公共设施、运输、计算机和数据存储等市场提供配套服务。OEM 领域主要是为印刷电路板等电子产品提供高精密的标志，以及为电信和硬盘驱动器生产商生产的冲模切削设备。

贝迪公司在全球有 3 个业务分部：亚太、欧洲、美洲地区分部。美洲分部，特别是美国本土是销量最大的地区，北亚地区是最大的生产基地。贝迪在中国大陆和韩国设有工厂，在香港和台湾设有物流、贸易及销售机构，北亚分部总部设在上海。分部的主营业务是 OEM 业务，占近 70% 的比例，以手机精密模切零部件的生产居多。北亚作为最大的生产基地，其存货、应收应付的管理具有代表性，因此本案例以该公司北亚分部的营运资本管理为主。

二、贝迪公司的营运资本绩效管理

在贝迪公司，绩效关系到每一位员工的薪酬、奖金和职业发展。贝迪的各项管理都与绩效挂钩，营运资本管理也不例外。

贝迪公司的绩效考核指标由 3 个部分组成：销售收入、经营收益以及营运资本率，三者权重均为三分之一，可见公司对营运资本管理的重视程度。以贝迪中国公司为例，假如销售收入完成了 125% 的目标，经营收益完成 100%，营运资本率完成 120%，那么其最终加权平均数为 115%；以 115% 乘以该员工在地区分部中的权重再乘以该员工的基本工资，就是其最终奖金的一部分。当然，其中的细节会更复杂一些，但有一点是可以肯定的，就是不管程序再复杂，营运资本率也总是包含在每一道计算程序中。实际上，在 2007 年以前，总公司和地区分部的绩效考核指标中并不包括营运资本比率，这一指标仅包含在个人绩效考核层面。2006 年，贝迪公司的营运资本增长率达到 69.92%，而同期销售收入与净利润的增长率都大约为 25%，这迅速引起了公司管理层的重视，因为它关系到公司的盈利幅度和增长速度。尽管 2006 年营运资本出现大幅度增长与公司在北亚地区 OEM 业务的扩张有很大关系，但也确实反映了公司在营运资本管理方面的不足，因此在 2007 年，他们把营运资本比率加入总公司和地区分部的绩效考核指标中，以引起所有管理者的高度关注。这项措施起到了比较好的效果，贝迪公司 2007 年营运资本增长率比 2006 年下降了近 2/3。

（一）存货管理

贝迪公司北亚分部主营业务是 OEM，且其中绝大部分是电子产品。如今，电子产品更新换代速度快，一旦某种电子产品下市，与其相关的所有原材料都将大幅贬值，甚至一文不值。因此贝迪公司的很多客户不轻易下大额订单，基本是随用随购，这就给公司带来了很大的风险和挑战：如果某种原材料的库存不足，当客户急需订购产品时，公司就不能及时交货，这样公司的竞争力会大大削

弱；如果各种产品 24 小时备货，做到随时能够发货，又会造成产品一旦过时，存货跌价损失巨大的风险。经过统计发现，贝迪公司能够准确根据市场需求进行备货的只占存货的 10%左右。

为了应对市场风险，加大存货的周转率，公司从两个方面采取措施。首先，公司对外购存货施行适时生产系统，它要求生产经营与材料供应之间基本实现同步，使物料传送与作业加工速度处于同一节拍，将原材料存货降低到最小限度。其次，在面对一些小供应商时，贝迪公司有显著的竞价优势，因而可以和他们签订"卖方管理存货合同"（简称 VMI），降低存货的管理和备货成本。

但同时，贝迪公司的一些大客户也会迫使公司与其签订 VMI，VMI 的主要特点是，买方在领用产品时才算是真正的购买，领用之前都算作卖方的存货。这样给贝迪公司造成了很大困难，即产品运出公司时只相当于把产品从一个仓库移到另一个仓库，还不能算作存货减少、销售完成，这就变相延长了存货的周转期。VMI 具有连锁效应，例如贝迪公司与一个客户的子公司签了 VMI，则这个客户会要求贝迪公司按照相同的条件与其所有子公司签订 VMI。这实质上是市场竞争力的表现，只有公司不断提高自己的产品性能和市场竞争力，才能在大客户面前具有竞价优势。贝迪公司的应对策略是，不再签署新的 VMI，并尽可能减少以前签署的 VMI，通过加大产品影响力，提高产品性能赢得市场。与此同时，和自己的材料供应商建立战略联盟，建立 JIT 和 VMI 供货体系，并在市场力推他们的材料作为回报。

（二）应收账款管理

贝迪公司所面临的较大难题就是应收账款管理。亚太地区在业务扩展的同时也带来了大量的应收账款。如何减少应收账款的收款期，加快资金的周转率成为营运资本管理的首要任务。

贝迪公司十大客户的业务量占了业务总额的 2/3，并且主要客户的账期较长，90 天及以上的占了 40%，60～75 天占了 21%，因此，主要客户是贝迪公司信用管理的重点。公司有近 25%的产品是由一个大客户 A 企业购买的，而 A 企业充分发挥其竞价优势，在应收账款方面为自己争取到最有利条件，主要体现在 3 个方面：第一，A 企业享有贝迪公司最长的应收账款期限；即使 A 企业偶尔发生超期付款，贝迪公司也不会像对待其他客户那样，将其所有订单都停止供应，而是主动为其在系统中解锁，继续供货。第二，在应收账款起算日上，A 企业也享有特权，在贝迪公司向其发货时，不是马上开出增值税发票，而是直到 A 企业领用时，才通知贝迪公司开税票，这就变相增加了应收账款的付款期限。第三，A 企业实行月结货款的政策，也就是它只在月内指定日期结算到期账款，错过月结日就只能等到下个月结账，这条政策使得应收账款期限又被延长。

公司员工的职责理念不到位。普遍存在的现象是，销售经理或销售助理没有尽职与客户进行信用销售的谈判，他们只关注销售业绩，并不擅长运用贝迪的资源与客户协商，将信用期限降低，没有从公司的整体利益出发，尽快为公司回收现金流，这对公司的营运资本管理是非常不利的。应收账款的期限主要是依据最初签署的协议，财务部门只是负责执行协议，因此财务部门在应收账款管理方面的作用有限。从这个角度看，销售部门在应收账款管理中应起核心作用。

为解决上述问题，贝迪公司采取了以下一些措施。

一是降低信用期限。缩短应收账款回收周期，最有效的方法是压缩客户的信用期限。这种做法具有多米诺骨牌效应，当一家企业接受了新的信用期限时，与其级别相当的企业通常也会接受。但是缩短应收账款期限不是件容易的事情，需要公司花费大量精力去应对，尤其是大客户。从短期看，贝迪公司北亚分部所面对的大客户 A 企业仍然有很强的竞价优势，分部迫于压力，在多次业务交往中仍然要做出较多让步。贝迪公司筹划双方集团总部为此进行协商谈判，从全球角度来考虑降低应收账款的处理方法，因为双方全球总公司在合作方面是基本对等的。

二是对应收账款实行及时监控。抓住最基本的环节往往也是最有效的方法。销售部门负责销售的各项事宜，在处理应收账款时负有主要责任。因此，要着力提高销售部门人员的综合素质，培养他们的谈判能力，并将这种素质培养添加到他们的个人目标和业绩考核中。过去一个部门中只有一个人与应收账款工作挂钩，如果这个人休假，则几乎没有人来替他关注应收账款。经过改进，团队中的每一个人都与应收账款工作挂钩，以求在最短时间内将资金收回，另外，公司对每笔账都指派有专门财务人员及时跟踪了解客户的财务状况，多与客户沟通。

三是成立收账小组。贝迪公司针对一些没有完善财务系统、自身不能准确核算应付账款的客户，成立了特别收账小组，帮助客户核查整理账务，以便及时收回货款。更有意义的是，这样做的成本并不是太高。

（三）应付账款管理

企业要保持较高的获利能力，关键看营运资本的效率。由于流动负债成本低，在安排负债结构时，可以多考虑利用流动负债，但这样会影响偿债能力。应付账款是供应商提供的一种商业信用，实际上是买方获得了卖方提供的一笔短期贷款，属于常见的短期融资形式。

贝迪公司应收账款的账期普遍高于应付账款的账期，应收账款的账期大多是 60 天，而应付账款只有极个别一两家供应商是 60 天；另外，从贝迪公司 2007 年年报可以看出，应付账款占全年销售额的 9%～10%，还不到应收账款所占比例的 1/3。这说明贝迪公司营运资本的使用效率不是很理想。分析贝迪公司应付账款期限较短的原因，主要是双方公司全球竞价的结果。供应商公司并不需要花时间同贝迪公司的北亚分部谈判，因为他们的全球公司与贝迪全球总公司负责协商，一旦协商成功，两公司在全球的业务通常都按照这个协商结果执行。采用这种机制的问题是，贝迪分公司与供应商的沟通不足，没有采取积极行动去争取对公司更有利的方式。为此，贝迪中国在 2008 年工作目标中专门设定了"谈判延长付款期"，督促各分公司负责人将此事放在工作议程中，通过与供应商谈判，尽量延长付款期。公司还对一些小的供应商施压，通过与他们签订 VMI 或月结制来延长付款期。

（资料来源：胡奕明主编跨国公司财务案例中国财政经济出版社）

案例讨论：

1. 贝迪公司存货的特点是什么？贝迪公司进行存货管理应该采用哪些主要方法？

2. 为了加速资金周转速度、减少应收账款收账期，贝迪公司准备采用缩短信用期限的方法，请分析此项政策的利弊。

3. 应付账款是企业商业信用融资的产物，请分析商业信用融资规模受到哪些因素影响，以及商业信用融资的利弊。

4. 贝迪公司作为一家跨国公司，分析其各分部的营运资本管理与一般公司有何差异。

第10章 | 利 润 分 配

【理论指导】

一、利润分配概述

利润分配是财务管理的重要内容，有广义的利润分配和狭义的利润分配两种。广义的利润分配是指对企业收入和利润进行分配的过程；狭义的利润分配则是指对企业净利润的分配。

（一）利润及其构成

1. 利润的意义

（1）利润是实现企业理财目标的本质要求。

（2）利润体现了资本增值的本质。

（3）利润是衡量企业管理绩效的重要标准。

2. 利润的构成

利润包括营业利润、利润总额和净利润。

营业利润=营业收入-营业成本-营业税金及附加-销售费用-管理费用-财务费用-资产减值损失+公允价值变动收益（-公允价值变动损失）+投资收益（-投资损失）利润总额=营业利润+营业外收入-营业外支出净利润=利润总额-所得税费用

（二）利润分配的原则及程序

1. 利润分配的原则

（1）依法分配原则。

（2）合理积累、适当分配原则。

（3）各方利益兼顾原则。

（4）投资与收益对等原则。

（5）无利不分原则。

（6）多方及长短期利益兼顾原则。

2. 利润分配的程序

（1）弥补以前年度亏损。

（2）提取法定盈余公积金。

（3）提取任意盈余公积金。

（4）向股东分配股利。

二、股利的分配程序和支付方式

（一）股利的分配程序

（1）预案公布日。上市公司分派股利时，首先要由公司董事会制定分红预案，包括本次分红的数量、分红的方式，股东大会召开的时间、地点及表决方式等，以上内容由公司董事会向社会公开发布。

（2）股利宣告日。股利宣告日是指公司董事会将股利支付情况予以公告的日期。公告中将宣布每股支付的股利、股权登记期限、除去股息的日期和股利支付日期。

（3）股权登记日。股权登记日是指有权领取本次股利的股东的资格登记截止日期。只有在股权登记日前在公司股东名册上有名的股东，才有权领取本次股利。

（4）除息日。除息日是指除去股利的日期，即领取股息的权利与股票相分离的日期。按照证券业的惯例，一般规定股权登记日的前四天为除息日。

（5）股利支付日。股利支付日，也称付息日，是指向股东发放股利的日期。

（二）股利支付的方式

（1）现金股利：上市公司以货币形式支付给股东的股利。

（2）股票股利：公司用无偿增发新股的方式支付股利。

（3）财产股利：上市公司用现金以外的其他资产向股东分派的股息和红利。

（4）负债股利：以负债形式支付的股利，其实质是企业以负债形式所界定的一种延期支付股利的方式。

三、股利理论与分配政策

（一）股利分配理论

1. 股利无关论观点

股利无关论认为在一定假设条件的限定下，股利政策不会对公司的价值或股票的价格产生任何影响。一个公司的股票价格完全由公司投资决策的获利能力和风险组合决定，而与公司的利润分配政策无关。

2. 股利相关论观点

（1）股利重要论：股东更偏好于现金股利而非资本利得，倾向于选择股利支付率高的股票。因此，应维持高股利的股利政策，以消除投资者的不安定感。

（2）信号传递理论：在信息不对称的情况下，公司可以通过股利政策向市场传递有关公司未来赢利能力的信息。

3. 所得税差异理论观点

由于普遍存在的税收的差异及纳税时间的差异，资本利得收入比股利收入更有助于实现收益最大化的目标，企业应当采用低股利政策。

4. 代理理论观点

股利政策有助于减缓管理者与股东之间的代理冲突，股利政策是协调股东与管理者之间代理关系的一种约束机制。

（二）影响股利分配政策的因素

1. 法律因素

（1）资本保全约束。要求企业股利的发放不能侵蚀资本，即不能用资本（包括股本和资本公积）发放股利，其目的在于使公司有足够的资本来保护债权人的权益。

（2）资本积累约束。规定企业必须按净利润的一定比例和基数提取各种公积金。同时，应遵循"无利不分"的原则，即企业出现年度亏损时，一般不进行利润分配。

（3）偿债能力约束。应保证支付现金股利后不会影响企业债务的偿还和正常经营，否则，企业发放现金股利的数额就要受到限制。

（4）超额累积利润约束。由于资本利得与股利收入的税率不一致，股东接受股利交纳的所得税高于进行股票交易的资本利得税，企业通过保留利润来提高股票价格，可使股东避税。因此，一些国家规定公司不得超额累积利润，一旦累积利润超过法律认可的水平，将被加征额外税款。目前我国法律尚未对此做出限制性规定。

2. 股东因素

（1）稳定的收入。一些股东依靠股利维持生活，往往要求公司支付稳定的股利。如果公司留存较多的利润，将受到这部分股东的反对。

（2）避税。按照税法规定，政府对企业征收企业所得税以后，还要对股东分得的股息、红利征收个人所得税。因此，一些高股利收入的股东出于避税的考虑往往反对公司发放较多的股利。

（3）控制权。公司支付较高的股利，就会导致留存盈余减少，这又意味着将来发行新股的可能性加大，而发行新股必然分散公司的控制权，这是公司原有持有控制权的股东们所不愿看到的结果。因此，他们往往主张限制股利的支付，以防止控制权旁落。

3. 企业因素

（1）盈余的稳定性。企业是否能获得长期稳定的盈余，是其股利决策的重要基础。

（2）现金流量。保证企业正常经营活动对资金的需求是确定股利分配政策的重要限制性因素。

（3）资产的流动性。企业经营必须保持一定的资产流动性。若企业较多地支付现金股利，就会减少其现金持有量，使资产的流动性降低。若企业的资产变现能力较强，现金来源较充裕，则其股利支付能力也较强。

（4）筹资能力。规模大、效益好的公司往往容易筹集到资金，它们可向银行借款或是发行股票、债券。这类公司在股利分配政策上就有较大的选择余地，既可采用高股利政策，也可采用低股利政策。而规模小、风险大的公司，一方面很难从外部筹集到资金；另一方面在这个阶段往往又需要大量资金。因此，这类公司往往会采取低股利或不发股利的政策，以尽可能多地保留盈余。

（5）投资机会。有着良好投资机会的企业，需要有强大的资金支持，往往采用低股利支付水平的分配政策，少发放股利，将大部分盈余用于投资；反之，缺乏良好投资机会的企业，则倾向于支付较高的股利。

（6）筹资成本。留存收益是企业重要的内部筹资方式，与发行新股或举债相比，具有筹资成本低的优点。因此，从资本成本考虑，留存收益是一种比较经济的筹资渠道。

（7）偿债需要。具有较高债务偿还需要的公司，可以通过举借新债、发行新股筹集资金偿还债务，也可直接用经营积累偿还债务。如果企业认为后者更适合，如前者资本成本高或受其他限制难以进入资本市场，将会减少股利的支付。

4. 其他因素

（1）债务合同约束。企业的债务合同，特别是长期债务合同，往往有限制企业现金支付程度的条款，这使企业只得采取低股利政策。

（2）通货膨胀。在通货膨胀的情况下，企业折旧基金的购买力水平下降，导致企业没有足够的资金来源重置固定资产。这时盈余会用作弥补折旧基金购买力，因此在通货膨胀时期企业的股利政策往往偏紧。

【能力训练】

一、单项选择题（每小题备选答案中，只有一个符合题意的正确答案）

1. 股利的支付可减少管理层可支配的自由现金流量，在一定程度上抑制管理层的过度投资或在职消费行为。这种观点体现的股利理论是（　　）。

　　A. 代理理论　　　　B. 信号传递理论　　　C. "手中鸟"理论　　　D. 股利无关理论

　　答案：A

2. 下列关于剩余股利政策优点的表述中，不正确的是（　　）。

　　A. 剩余股利政策有利于保持最佳资本结构

　　B. 剩余股利政策体现了灵活性与稳定性相结合的特征

　　C. 剩余股利政策有利于实现企业长期价值最大化

　　D. 剩余股利政策不会给企业带来固定的股利支付压力

　　答案：B

3. 下列关于股利分配政策的表述中，正确的是（　　　）。

A. 债权人不会影响公司的股利分配政策

B. 公司盈余的稳定程度与股利支付水平负相关

C. 偿债能力弱的公司一般不应采用高现金股利政策

D. 基于控制权的考虑，股东会倾向于较高的股利支付水平

答案：C

4. 下列关于股票股利的表述中，正确的是（　　　）。

A. 股票股利会引起负债的增加

B. 股票股利会导致股东财富的增加

C. 股票股利会导致公司资产的流出

D. 股票股利会引起所有者权益内各项目的结构发生变化

答案：D

5. 公司近年来经营业务不断拓展，目前处于成长阶段，预计现有的生产经营能力能够满足未来10年稳定增长的需要，公司希望其股利与公司盈余紧密配合。基于以上条件，以下各项中最为适宜该公司的股利政策是（　　　）。

A. 剩余股利政策 　　　　　　　　　　B. 固定股利政策

C. 固定股利支付率政策 　　　　　　　D. 低正常股利加额外股利政策

答案：C

二、多项选择题（每小题备选答案中，有两个或两个以上符合题意的正确答案）

1. 下列关于企业发放股票股利意义的表述中，正确的有（　　　）。

A. 企业盈利的资本化 　　　　　　　　B. 可节约企业的现金

C. 股票价格不至于太高 　　　　　　　D. 可使企业财产价值增加

答案：ABC

2. 下列各项中，属于企业选择股利政策通常需要考虑的因素有（　　　）。

A. 目前的投资机会 　　　　　　　　　B. 企业获利能力的稳定情况

C. 企业所处的成长与发展阶段 　　　　D. 企业支付能力的稳定情况

答案：ABCD

3. 以下各项股利分配政策中，处于初创阶段的公司一般不宜选择的有（　　　）。

A. 固定股利政策 　　　　　　　　　　B. 剩余股利政策

C. 固定股利支付率政策 　　　　　　　D. 稳定增长股利政策

答案：AD

4. 下列各项中，属于股利相关论的观念有（　　　）。

A. 代理理论 　　　B. 股利重要论 　　　C. 信号传递论 　　　D. 所得税差异理论

答案：BC

5. 下列各项中，属于股利无关理论假定条件的有（　　　　）。

A. 信息完备假设　　B. 强势效率市场假设　C. 理性投资者假设　　　D. 交易成本为零假设

答案：ABCD

6. 下列各项中，属于非法律禁止，但目前在我国公司实务中很少使用的股利支付方式有（　　）。

A. 现金股利　　　　　B. 财产股利　　　　　C. 负债股利　　　　　D. 股票股利

答案：BC

三、判断题（请判断每小题的表述是否正确，认为表述正确的，在后面的括号中画√；认为表述错误的，在后面括号中画×）

1. 固定股利政策能使股利与公司盈余紧密结合，以体现多盈多分，少盈少分，不盈不分的原则。

（　　　）

答案：×

2. 在其他条件不变的情况下，股票分割会降低公司资产负债率。　　　　　　　（　　　）

答案：×

3. "在手之鸟"理论认为当股利支付率提高时，股东承担的收益风险会降低，权益资本的成本也会降低，而企业价值提高。　　　　　　　　　　　　　　　　　　　　　（　　　）

答案：√

4. 在新股发行之前，利用股票分割降低股票价格，可以促进新股发行。　　　（　　　）

答案：√

5. 股票分割对公司的资本结构不会产生任何影响，一般只会使发行在外的股票总数增加。（　　　）

答案：√

四、计算题（请写出计算步骤及答案）

1. 某公司提取了公积金的本年税后利润为 300 万元，下年拟投资一新项目，需投资 400 万元，公司的目标资本结构为负债与权益之比为 2：3，公司流通在外的普通股为 200 万股，公司采用剩余股利政策。

要求：

（1）计算公司本年可发放的股利额。

（2）计算股利支付率。

（3）计算每股股利。

答案：

（1）为保持目标资本结构，需保留的税后利润=400/5×3=240（万元）

本年可发放的股利额=300-240=60（万元）

（2）股利支付率=60/300=20%

（3）每股股利=60/200=0.3（元/股）

2. 某公司 2013 年实现税后净利为 1 000 万元，按 10%比例提取法定公积金。2014 年的投资计划所需资金为 800 万元，公司的目标资本结构为自有资金占 60%。

要求：

（1）若公司采用剩余股利政策，则 2013 年年末可发放多少股利？

（2）如公司发行在外的股数为 1 000 万股，计算每股净利及每股股利。

（3）如 2014 年公司决定将公司的股利政策改为低正常股利加额外股利政策，社股利的逐年增长率为 2%，投资者要求的必要报酬率为 12%，计算该股票的价值。

答案：

（1）提取公积金数=1000×10%=100（万元）

可供分配利润：1000-100=900（万元）

投资所需自有资金=800×60%=480（万元）

可发放的股利额=900-480=420（万元）

（2）每股净利=1000÷1000=1（元/股）

每股股利=420÷1000=0.42（元/股）

（3）股票价值=0.42（1+2%）÷(12%-2%)=4.284（元）

3．某企业年终利润分配前有关资料如下：年初未分配利润为 1 000 万元；本年税后利润为 2 000 万元；普通股股本为 500 万元（500 万股，每股 1 元）；资本公积金为 100 万元，盈余公积金为 400 万元，所有者权益合计为 4 000 万元。每股市价 40 元。该企业决定，本年按照规定比例 10%提取盈余公积金，发放股票股利 10%，并且按发放股票股利的股数，派发现金股利，每股 0.1 元。要求：假设股票的每股市价与每股净资产呈正比，计算利润分配后的盈余公积金、股本、股票股利、资本公积金、现金股利、未分配利润数额和预计的普通股每股市价。

答案：

由于本年可供分配的利润=1000+2000=3000（万元），大于 0，可按本年税后利润计提盈余公积金。

盈余公积金余额=400+2000×10%=600（万元）

股本余额=500×（1+10%）=550（万元）

股票股利=40×500×10%=2000（万元）

资本公积金余额=100+（40-1）×500×10%=2050（万元）

现金股利=500×（1+10%）×0.1=55（万元）

未分配利润余额=1000+（2000-600-2000-55）=345

利润分配后每股净资产=345+2050+600+550=3235

利润分配前每股净资产=4000÷500=8（元）

利润分配后的每股净资产=3235÷500=6.47（元）

利润分配后预计每股市价=40×6.47÷8=32.35（元）

4．某网络上市公司已成立 10 年，现有资产总额 2 000 万元，企业最近 5 年连续盈利，每年净收益呈上升趋势，经营状况较为稳定。权益乘数为 2，该公司目前的资本结构为最佳资本结构，其权益资本均为普通股，每股面值 10 元，负债的年平均利息率为 10%。该公司年初未分配利润为 152 万元，当年实现营业收入 8 000 万元，固定成本为 700 万元，变动成本为 4800 万元，所得税率为 33%。

该公司按 10%和 5%提取法定盈余公积金和任意盈余公积金。预计下一年度投资计划需要的资金为 4 000 万元。

要求：

（1）该公司采用何种股利政策为佳？说明理由。

（2）如果该公司采取剩余股利政策，其当年盈余能否满足下一年度投资对权益资本的需要？若不能满足，应增发多少普通股？

答案：

（1）固定或稳定增长的股利政策。因为该网络企业已成立 10 年，最近 5 年连续盈利，经营状况比较稳定，属于企业稳定增长的阶段。稳定增长阶段应以保障稳定经营为主，这一阶段公司业务稳定增长、净现金流入量增加，净收益呈逐年上升趋势，说明公司有足够的实力支付固定股利，所以应采取固定或稳定增长的股利政策。

（2）根据权益乘数得负债比率为 50%，权益资本比率为 50%。

权益资本=2000×50%=1000（万元）

普通股股数=1000/10=100（万股）

负债年利息额=1000×10%=100（万元）

本年税后利润=（8000-4800-700-100）×（1-33%）=1608（万元）

下一年度投资需要权益资金=4000×50%=2000（万元）

需要增发的普通股股数=[2000-(1608+152)]/10=24（万股）

根据剩余股利政策，满足投资对权益资本的需要后，当年没有可供分配的盈余，因此不能发放股利。

【拓展实训】

一、实训目的

了解影响股利分配的各种因素，理解和掌握多种股利分配政策的分配原则及优缺点，能够结合公司盈利状况、现金流量、公司经营阶段等情况选择合适的股利分配政策。

二、实训类型

验证性实训。

三、实训内容

贵州茅台（600519）2003 年—2012 年股利政策分析

贵州茅台酒股份有限公司（股票代码 600519）成立于 1999 年 11 月 20 日，由中国贵州茅台酒厂（集团）有限责任公司（现更名为中国贵州茅台酒厂有限责任公司）作为主发起人，并联合中国贵州茅台酒厂（集团）技术开发公司（现更名为贵州茅台酒厂技术开发公司）、贵州省轻纺集体工业联社、深圳清华大学研究院、中国食品发酵工业研究所、北京市糖业烟酒公司、江苏省糖烟酒总公司、上海捷强烟草糖酒（集团）有限公司共同发起设立。主发起人将其经评估确认后的生产经营性净资产 24 830.63 万元投入股份公司，按 67.658％的比例折为 16 800 万股国有法人股，其他 7 家发起人全部以现金 2 511.82 万元方式出资，按相同折股比例共折为 1 700 万股。经 2001 年 8 月发行公众股 7 150 万股后，总股本过 25 000 万股。

公司的经营范围：茅台酒系列产品的生产与销售；饮料、食品、包装材料的生产、销售；防伪技术开发、信息产业相关产品的研制、开发。茅台酒为国内高档白酒第一品牌，公司具备 15 000 吨茅台酒的生产能力。公司生产的茅台酒为国内白酒市场唯一获"绿色食品"及"有机食品"称号的天然优质白酒，是我国酱香型白酒的典型代表。

贵州茅台自 2001 年上市以来，由于有良好的经营业绩做支撑以及具备回报股东的理念，一直坚持现金分红，是深沪两市上市公司当中的分红典型。尤其是 2008 年以来，贵州茅台分红数额屡创市场新高，雄踞深沪两市每股现金分红的榜首。贵州茅台公司 2003 年—2012 年分红情况以及主要财务指标数据如表 10-1 所示。

表 10-1　　　　　　　　贵州茅台（600519）分配方案统计表

年份	分配方案	每股收益（元）	每股净资产（元）	每股经营净现金流（元）
2012	每 10 股派 64.19 元	12.82	32.893 8	11.483
2011	每 10 股派 39.97 元	8.44	24.07	9.78
2010	每 10 股送 1 股派 23 元	5.35	19.49	6.57
2009	每 10 股派 11.85 元	4.57	15.33	4.48
2008	每 10 股派 11.56 元	4.03	11.91	5.56
2007	每 10 股派 8.36 元	3	8.72	1.85
2006	每 10 股派 7 元	1.59	6.25	2.23
2005	每 10 股派 3 元	2.37	10.79	3.59
2004	每 10 股转 2 股派 5 元	2.09	10.6	2.48
2003	每 10 股转 3 股派 3 元	1.94	11.37	3.11

资料来源：根据公司年报、分红方案公告整理

四、实训要求

1. 认真阅读贵州茅台 10 年分红的案例资料，并查阅一些必要的参考资料，对贵州茅台的经营情况、市场环境进行更多的了解；根据案例资料给出的现金分红、每股收益数据，绘制折线图进行对比。

2. 结合贵州茅台公司所处行业特征以及该公司实际情况，解释高额现金股利的原因。

3. 根据贵州茅台历年股利发放情况，分析公司股利政策制定中主要的影响因素；思考贵州茅台执行的是何种股利政策。

4. 结合外部环境因素和公司自身的因素，分析贵州茅台的高现金股利政策未来是否具有可持续性。

5. 尽管贵州茅台的每股分红额很高，但是由于贵州茅台高企的股价，投资者依靠现金分红所能获得的收益率水平仍然不高。例如，根据贵州茅台 2012 年的每股分红额和股利分配方案公告日的股价计算出来的股息率仅为 3.18%，低于当前一年前定期存款利率水平。从这个现象分析，贵州茅台高额现金分红对投资者究竟是否有利。

6. 综合上述问题，撰写实训报告。

实训报告

実训报告一

姓名		班级		指导教师	
实训主题					

一、实习要求：

二、实训过程记录：

三、实训心得体会

实训报告二

姓名		班级		指导教师	
实训主题					

一、实习要求：

二、实训过程记录：

财务管理实训教程

三、实训心得体会

实训报告三

姓名		班级		指导教师	
实训主题					

一、实习要求：

二、实训过程记录：

三、实训心得体会

实训报告四

姓名		班级		指导教师	
实训主题					

一、实习要求：

二、实训过程记录：

三、实训心得体会

实训报告五

姓名		班级		指导教师	
实训主题					

一、实习要求：

二、实训过程记录：

三、实训心得体会

实训报告六

姓名		班级		指导教师	
实训主题					

一、实习要求：

二、实训过程记录：

三、实训心得体会

实训报告七

姓名		班级		指导教师	
实训主题					

一、实习要求:

二、实训过程记录:

三、实训心得体会

实训报告八

姓名		班级		指导教师	
实训主题					

一、实习要求：

二、实训过程记录：

三、实训心得体会

实训报告九

姓名		班级		指导教师	
实训主题					

一、实习要求：

二、实训过程记录：

三、实训心得体会

实训报告十

姓名		班级		指导教师	
实训主题					

一、实习要求:

二、实训过程记录:

三、实训心得体会

参考文献

[1] 中国注册会计师协会. 财务成本管理 [M]. 北京：中国财政经济出版社，2013.

[2] 王化成. 公司财务管理 [M]. 北京：中国财政经济出版社，2012.

[3] 斯蒂芬 A. 罗斯，伦道夫 W. 威斯特菲尔德，杰弗利 F. 杰富著. 吴世农、沈艺峰、王志强，等，译. 公司理财 [M]. 北京：机械工业出版社，2003.

[4] 蒋红芸，康玲. 财务管理 [M]. 北京：人民邮电出版社，2013.

[5] 邱丽娟. 财务管理实训 [M]. 北京：中国铁道出版社 ，2010.

[6] 吴伟容，王志亮. 财务管理实训教程 [M]. 北京：经济科学出版社，2012.

[7] 黄佑军. 财务管理项目实训 [M]. 北京：经济科学出版社，2010.

[8] 张先治，陈友邦. 财务分析 [M]. 大连：东北财经大学出版社，2014.

[9] 张新民，钱爱民. 企业财务报表分析 [M]. 北京：北京大学出版社，2008.

[10] 胡奕明. 跨国公司财务案例 [M]. 北京：中国财政经济出版社，2008.

[11] 李艳萍. 财务管理 [M]. 北京：经济科学出版社、中国铁道出版社，2006.

[12] 闫华红. 2012 年注册会计师考试应试指导及全真模拟测试——财务成本管理 [M]. 北京：北京大学出版社，2012.

[13] 财政部企业司. 企业财务通则. 北京：中国财经出版社，2007.